2022년 서울생활사박물관 어린이 놀이문화 체험전시

Let's Play Together

우리 같이 놀자

서울생활사박물관
Seoul Urban Life Museum

전시총괄	김용석 박현욱
전시기획	정명아 이샛별
전시진행	박혜림 황혜전 류위남 강성신
전시도록	이샛별
전시자료조사	임미지
전시보조	이민아 안나연 이서정 공선희 오동진
전시자문 및 논고	김향금(동화작가)
유물출납	정지인 강성신 안나연 노지현 이현정
사진제공	최인호 김재경 송철호 김민규 한인경
사진촬영	씨지포토 강영호 김태환
보존환경	신장하 송채은
보존처리	임주희 정윤선
행정지원	주윤극 한강일 박지민
시설지원	육문환 정재호
영상지원	이준의
전시디자인시공	㈜새로움아이 손성지 민석원 이미연
전시그래픽	㈜모노그램 박선화 곽은진
일러스트	이정준
전시영상	아트팩토리 왁 김혁진
외국어번역	서울셀렉션
유물운송	아트스카이
유물대여	명지-LG한국학자료관
자료제공	국가기록원, 국립민속박물관, 광주유아교육진흥원, 동아일보, 두피디아, 대한민국역사박물관, 문화체육관광부 콘텐츠기획과, 서울시 한강사업본부, 성북구청, 세이브더칠드런, 역사적 순간(YouTube 채널), 예천박물관, 토지주택박물관, 한국공예·디자인문화진흥원, 한국정책방송원, 한국학중앙연구원, ㈜YEKUN
전시인터뷰	서진원 이민아 이시훈 조금자

일러두기

1. 이 책은 서울생활사박물관 기획전 '우리 같이 놀자' (2022. 5. 4. ~ 9. 25.)의 도록이다.
2. 책에 수록된 유물은 '유물 이름 | 제작 시기 | 작가 | 소장처 | 기증자' 순으로 표기하였다.
   소장처를 별도로 표기하지 않은 유물은 서울역사박물관 소장 유물이다.
3. 유물 크기는 '세로×가로(×높이)㎝'를 원칙으로 하였으며, 그 외 필요한 경우에는 별도 표기하였다.
4. 본문 가운데 어린이 놀이는 '놀이명 | 적정 인원 | 놀이장소 | 놀이분류' 순으로 표기하였다.
5. 본문 가운데 책은 『 』, 신문·잡지는 ≪ ≫로, 음악·영화는 〈 〉로 표기하였다.
6. 서울역사박물관 소장 유물 사진은 서울역사박물관에 저작권이 있으며, 그 외 사진은 각 소장처에 저작권이 있다.

차례

CONTENTS

놀이 광장 01

GAME PLAZA

놀이 쉼터 02

PLAY SHELTER

전시를 열며

IN CELEBRATION OF THE EXHIBITION OPENING

展览介绍 | 展示開催のご挨拶

"친구야! 놀자~"
어릴 적, 이웃집 대문 앞에서 목청껏 친구의 이름을 부르던 기억이 있을 것입니다. 사실 이 말에는 구체적으로 어떤 놀이를 하고 놀자라는 내용은 없습니다. 이미 "놀자~"라고 친구를 부르며 제안한 그 자체만으로도 즐거움을 느낄 수 있는 자유로운 행동이었습니다. 친구들과 함께 놀았던 그 순간은 하나의 완전한 세상이었으며, 진정한 의미에서의 놀이 세계였습니다.
하지만 더 이상 대문 앞에서 친구의 이름을 부르던 아이들의 목소리는 듣기 어렵게 되었습니다. 코로나19로 평범한 일상마저 잃어버린 요즘, 아이들이 또래 친구들과 만나 함께 즐길 수 있는 '놀이'는 더욱 찾아보기 힘들어졌습니다.
이번 전시는 어린이날 100주년을 맞아 서울사람들이 기억하는 세대별 어린 시절 놀이문화를 재현·공유하고, 어린이들이 마음껏 놀이를 즐길 수 있도록 마련한 놀이문화 체험전시입니다. 동시대를 살았던 이들에게는 추억이며, 이런 놀이 경험이 전무한 아이들에게는 새로운 놀이문화를 체험할 수 있는 소중한 경험의 자리가 될 것입니다.
서울생활사박물관은 옛 시절을 돌아보는 공감의 장소이며, 세대를 아우르며 함께 놀 수 있는 놀이광장입니다. 코로나19 이후 박물관이 어린이들에게 일상의 놀이터가 되길 꿈꾸며, 박물관 놀이터에 오신 여러분 환영합니다.

서울역사박물관장 **김 용 석**

"Hey, friend! Let's play~"
Do you remember screaming your friend's name at the top of your lungs in front of their house when you were young? We usually didn't mean a specific game when we called them. Just calling out a friend to "play" was an act of freedom and joy. Moments spent playing with friends were whole worlds of their own-authentic worlds of play.
However, it is difficult to hear the voices of children calling their friends from outside these days. As our ordinary day-to-day lives have been lost to COVID-19, it is even harder to find games that allow children to meet and have fun with their friends.
In celebration of the 100th Children's Day, this exhibition reproduces and shares the childhood play cultures of different generations of Seoulites, providing a place where children can play freely. The exhibition is both a trip down memory lane for those who've played these games before, and a valuable introduction to Korean play culture for those unfamiliar.
The Seoul Urban Life Museum (SULM) is a place to remember and empathize with the past, as well as a "Game Plaza" that welcomes all generations. With dreams that the museum will become a playground for children in the post-COVID-19 era, we kindly invite you to play at SULM.

Director of Seoul Museum of History **Kim Yong-seok**

"朋友啊！来玩吧~"

还记得小时候在邻居家门口放声大叫朋友的名字，其实那句话并没有具体提到"玩" 什么。仅仅是朋 友喊出"来玩吧!"的提议，就已经能体会到快乐和自由了。和朋友们一起玩的那一刻才是一个完整的世界，才是真正意义上的游戏世界。

但是，最近我们很难看到在大门前呼唤朋友名字的孩子们，也很难听到他们的声音。 因为新冠疫情，我们甚至失去了平凡的日常生活，孩子们和同龄人见面，一起享受的"游戏"变得更加困难。

为迎接儿童节一百周年，特举办本次游戏文化体验展览，再现、共享首尔人记忆中的各年龄段童年的游戏文化，让孩子们尽情享受游戏。对于生活在同一时代的人来说，这是回忆，而对于没有这些游戏经验的孩子们来说，这将是一次能够体验新的游戏文化的宝贵的经验。

首尔生活史博物馆是一个让人回顾过去，产生共鸣的地方，也是可以跨代相伴共同玩耍的游乐场。新冠疫情之后，我们梦想博物馆能成为孩子们的日常游乐场，诚邀大家来到博物馆游乐场。

首尔历史博物馆长 **金勇锡**

"ねぇ、あそぼうよ"

お隣の玄関先で友だちの名前を大声で呼んだ思い出が、誰しもあることでしょう。しかしながら、この呼び かけには具体的に何をして遊ぶかという内容は出てきません。「あそびましょ！」と友だちを誘うこと自体、すでに楽しく、自由な行動だったのです。友だちと一緒に遊んだ時間は、一つの完全な社会であり、真の意味での遊びの世界でした。

しかし、玄関先で友だちの名前を呼ぶ子どもたちの声は、もはや聞こえなくなってしまいました。新型コロナウィルス感染症によって何気ない日常すら失われた現在、子どもたちが同い年の友だちと集まって一緒に楽しめる「遊び」は、ますます得難いものとなってしまいました。

こどもの日制定100周年を記念して開催する本展は、ソウル市民の記憶に残る世代別の幼少期の遊び文化を再現して子どもたちが思いきり遊べるように企画した、体験型の展覧会です。同時代を生きた人々にとっては追憶を共有し、このような遊びの経験が無い子どもたちにとっては目新しい遊び文化を体験する、貴重な機会になることでしょう。

ソウル生活史博物館は、昔を振り返る共感の空間であり、世代を超えて楽しめる遊びの広場です。コロナ収束後、博物館が子どもたちにとって日常的な遊び場所になることを願っています。博物館の遊び場へ、どうぞお越しください。

ソウル歴史博物館長 **キム・ヨンソク**

서울생활사박물관 어린이 놀이문화 체험전시
우리 같이 놀자
Let's Play Together
팽이치기
딱지치기
실뜨기
2022.5.4.수 - 9.25.일
서울생활사박물관

우리동네놀이터
우리동네놀이터 종합안내도

친구야 놀자~

하나!

놀이는 누가 시켜서 하는 게 아니에요.
스스로 놀이에 참여해요!

둘!

놀이는 단순히 놀이여야 해요.
목적 없이 즐기는 놀이가 진짜 놀이예요!

셋!

어떤 놀이든 지켜야 하는 규칙이 있어요.
놀이 규칙을 꼭 지켜요!

넷!

놀이는 즐겁고 재미있는 것이에요.
놀이를 즐기세요!

우리 동네 놀이터 이용안내

어서 와~

우리동네놀이터 종합안내도

전시를 열며

1. 우리 동네 놀이터
2. 놀이란 무엇일까요?

놀이광장 01

골목 놀이터

3. 사방치기
4. 비사치기
5. 딱지치기
6. 고무줄놀이
7. 말뚝박기
8. 숨바꼭질과 술래잡기
9. 구슬치기
10. 무궁화꽃이 피었습니다

우리 집 놀이터

11. 실뜨기
12. 공기놀이
13. 봉선화 물들이기
14. 보드게임 - 축구와 야구
15. 손뼉치기
16. 인형놀이와 소꿉놀이
17. 윷놀이
18. 보드게임
19. 수수께끼와 스무고개
20. 그림자 놀이

아파트 놀이터와 학교 운동장

21. 두꺼비집 짓기 놀이
22. 모래 그림 그리기
23. 정글짐
24. 제기차기
25. 오징어놀이
26. 달고나와 뽑기

자연 놀이터

27. 새총과 딱총놀이
28. 연날리기
29. 기차놀이
30. 대나무 물총놀이

한강 놀이터

31. 썰매 타기
32. 팽이치기
33. 한강의 겨울 얼음 썰매와 스케이트 타기
34. 한강의 여름 백사장에서의 강수욕
35. 물놀이

놀이쉼터 02

36. 내가 기억하는 놀이
37. 우리 같이 놀자
38. 우리에겐 놀 권리가 있어요

비상구
엘리베이터
화장실
포토존

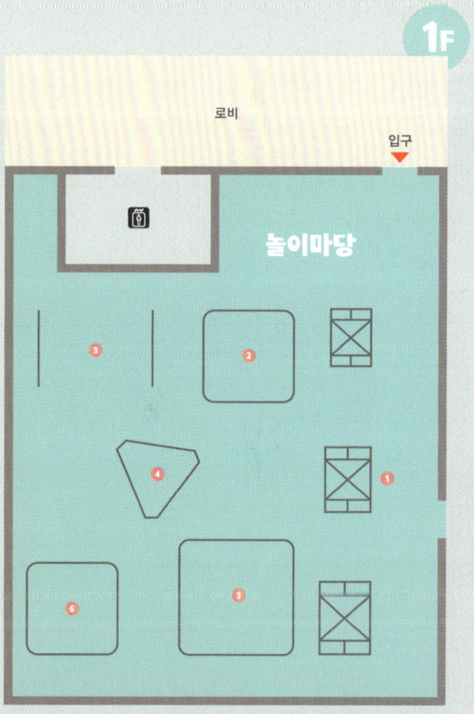

놀이마당(야외) 03

1. 사방치기
2. 제기차기
3. 비사치기
4. 고무줄놀이
5. 팽이치기
6. 딱지치기

* 기획전 '우리 같이 놀자' (2022. 5. 4.~ 9. 25.)의 전시 안내도입니다.

놀이란 무엇일까요?

What is "play"?

놀이란 자발적으로 이뤄진, 특별한 목적이 없는, 즐겁고 재미있는 행위를 말해요. 특히 어린이들에게 놀이는 삶이자 본능이에요. 어린이들은 놀이를 통해 자신의 세계와 생각을 표현해요. 어린이들은 놀면서 타인과 긍정적인 관계를 맺는 법을 배우게 되고, 창의적으로 자라나며, 변화하는 환경에 잘 적응할 수 있는 건강한 사람으로 성장해요. 이 모든 것들은 누가 강요하거나 교육을 통해 주입해서 얻어지는 것이 아니라, 진정한 놀이를 통해 얻어지는 것이에요.

Play is a spontaneous, fun, and joyful act that follows no specific purpose. For children, play is life and instinct. Through play, they learn how to form positive relationships with others, grow up creatively, and become healthy adults who can adapt to changing environments.

한국의 놀이

유사한 중국, 일본의 놀이와 비교하여

Korean Games with notes on the corresponding games of China and Japan

1895년 | 27×20.6×2.5

약 130여 년 전, 미국의 인류학자였던 스튜어트 컬린이 쓴 책으로, 우리 고유의 놀이 95가지를 소개하고 있다. 1895년에 500부 한정본으로 출간된 책 중 한 권이다. 이 책은 '유사한 중국·일본의 놀이와 비교하여'라는 부제가 있는데, 우리 고유의 놀이를 중국과 일본의 유사한 놀이들과 함께 소개하고 있어, 동아시아 삼국의 놀이를 비교해볼 수 있는 비교민속학 자료로써도 매우 유용하다. 팽이치기, 연날리기, 윷놀이, 소꿉장난처럼 친숙한 놀이 외에 눈싸매기 놀이, 자세두기(공기놀이와 비슷한 놀이), 종경도 치기 등 다소 생소한 놀이도 세부적으로 소개되어 있고, 놀이의 이해를 돕는 기산 김준근의 그림 22점도 함께 담겨 있다. 130여 년 전, 외국인이 책으로 출간할 정도로 한국의 놀이 문화가 다채로웠다는 것을 알 수 있다. 이 책은 우리 기억에서 완전히 사라진 전통놀이의 원형을 찾아줬으며, 각 놀이의 정확한 이름을 아는 데 큰 도움을 주었다.

어떤 놀이를 체험하나요?

What kind of games shall we try?

지금부터 체험할 놀이는 오래된 책에 소개될 만큼 아주 예전부터 어린이들이 즐겨했던 놀이와 박물관을 찾아준 관람객들이 어렸을 적 가장 많이 즐겨 했던 놀이예요. 가족과 동네에서 함께 했던 놀이, 자연물을 이용해 놀았던 놀이, 놀이도구로 즐기는 놀이 등 세대별 어린이들이 즐겨 했고, 지금까지도 전해지며 즐겨 하는 다양한 놀이를 체험해 볼 수 있어요.

Starting now, let's experience some classic games, loved by children for so long that they're mentioned in old books, as well as games that other visitors enjoyed when they were young.

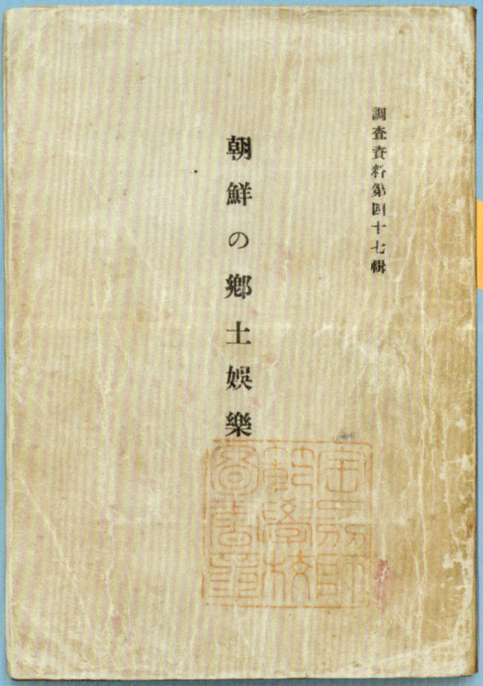

조선의 향토오락

Rural Pastimes of Joseon

1931년 | 21.7×15.1×1.6

이 책은 조선총독부가 조선의 사회생활과 민간신앙 등을 조사하여 간행한 조사자료 47집 중 제17집으로, 전국의 민속놀이를 수집하고 정리한 것이다. 이 책에 제시된 놀이명의 항목 수는 총 6,450개에 이른다. 서울의 경우, 윷놀이, 널뛰기, 달맞이, 쥐불놀이, 연날리기, 줄다리기 등에 대하여 행해진 시기, 놀이의 주체소년, 소녀, 일반 등와 그 방법 등이 자세히 기록되어 있다. 당시의 민속놀이 전체를 파악하는 데는 한계가 있지만, 전국의 놀이 명칭과 분포를 파악하는 데 유용하다.

어린이들의 놀이

놀이는 어린이들의 생활 자체이다.
즉 잘 논다는 것은 잘 큰다는 그것이요.
또 잘 배운다는 그것이며
어른이 되기 위한 준비인 것이다.
'놀고만 있어서 큰일이다.'란 말이 부모들로서
한낱 예사로 하는데 지나지 않는 말이라면 몰라도
참으로 하는 것이라면 그야말로
큰일이 아닐 수 없다고 하겠다.
어린이나 유치원 아동들은 그들의 놀이로 무엇을
배우게 하는 것쯤은 모를 이도 없겠지만
가령 무엇을 시키려 하여도 어떤 놀이를 통하든가 아니면
놀이의 형식을 비는 것이 효과적이다.
그리하여 자연스럽게 공부로 일로
옮아가도록 하여야 한다.

≪동아일보≫, 1960년 4월 7일

이제 추억의 놀이가 가득한 놀이광장으로 떠나볼까요?
놀이광장에서는 할아버지, 할머니, 엄마, 아빠가 어렸을 적 즐겨했던
다양한 놀이에 대해 알아가고, 체험할 수 있어요.
여기서는 모두가 나이 구분 없이 어울려 노는 친구가 될 수 있어요.
친구들과 함께 놀이광장 한 바퀴를 돌아보세요.
한 바퀴 돌고 나면 골목, 집, 아파트 놀이터, 학교 운동장, 자연, 한강 백사장 등
그때 그 시절의 풍경과 놀이를 고스란히 느낄 수 있어요.
오늘 하루 우리 같이 '놀면서' 배우고, '놀면서' 진짜 나를 찾아봐요!

놀이 광장

GAME PLAZA

游乐场 / 遊びの広場

Let's visit a play area filled with vintage games!
At the Game Plaza, you can learn about and experience different games that Koreans from previous generations may have enjoyed when they were young. Here, everyone can become friends regardless of age. Tour the playground once with your friends. Strolling around, you can really feel the mood and relive the scenery of the games that children played in Seoul's alleys, houses, apartment complex playgrounds, schoolyards, natural areas, and along the white, sandy shores of the Hangang River.
Let's play today and learn more about games and about ourselves!

现在，让我们去充满回忆的游乐场，好吗？
在游乐场，你可以了解和体验爷爷、奶奶、妈妈、爸爸小时候喜欢的各种游戏。在这里，无论年纪大小，大家都能成为玩伴，和朋友们一起逛一圈游乐园吧。转一圈后, 可以感受胡同、家、公寓、游乐场、学校操场、自然、汉江白沙滩等属于那个时节的 风景和游戏。
今天我们一边玩一边学习，寻找真正的我吧！

さあ、思い出がつまった遊びの広場に出かけましょう！
遊びの広場では、おじいさん、おばあさん、お母さん、お父さんが小さいときに楽しんだ遊びを知って、体験することができます。ここでは年齢に関係なく、みんなが遊び友だちです。 お友だちと一緒に、遊びの広場を一周してみましょう。路地や家、アパートの遊び場、学校の運動場、自然、漢江の砂浜といった昔の風景と遊びを、そっくりそのまま楽しめますよ。
今日一日、みんないっしょに「遊びながら」学んで、「遊びながら」本当の自分を探してみましょう！

7
4
3

놀이광장
이제 추억의 놀이가 가득한 놀이광장으로 떠나볼까요?
놀이광장에서는 할아버지, 할머니, 엄마, 아빠가 어렸을 적 즐겨
했던 다양한 놀이에 대해 알아가고, 체험할 수 있어요. 여기서는
모두가 나이 구분 없이 어울려 노는 친구가 될 수 있어요.
친구들과 함께 놀이광장 한 바퀴를 돌아보세요.
한 바퀴 돌고 나면 골목, 집, 아파트 놀이터, 학교 운동장, 자연, 한강
백사장 등 그때 그 시절의 풍경과 놀이를 고스란히 느낄 수 있어요.
오늘 하루 우리 같이 '놀면서' 배우고, '놀면서' 진짜 나를 찾아봐요!
GAME PLAZA
游乐场 / 遊びの広場

고무줄놀이

딱지치기
Ttakjichigi (card flipping)
2명 이상 / 야외 / 놀잇감 놀이
딱지치기는 달력, 신문지 등 종이로 만든 사각형 딱지를 바닥에 내리쳐서 상대의 딱지를 뒤집으면 이기는 놀이예요. 이긴 사람은 뒤집은 상대의 딱지를 가질 수 있어요. 종이로 만든 네모 딱지뿐만 아니라 문방구에서 팔던 동그란 모양의 종이 딱지, 플라스틱, 고무 재질의 딱지도 인기가 많았어요.
딱지 접는 방법
완성
박물관 놀이마당(1층 야외)에서 왕딱지로 딱지치기를 즐길 수 있어요.

1

Alleyway Playgrounds

골목 놀이터

"어린 시절이 행복한 사람이 평생 행복하다."

– 토머스 풀러

동네 친구, 언니, 오빠, 형, 누나, 동생들과 집 근처 골목에서 놀다보면 노래 〈보물〉의 가사처럼 하루는 너무 짧은지도 몰라요. 지금은 동네 놀이터 또는 놀이공원이 어린이들의 대표 야외 놀이공간이지만, 여러분 부모님의 어린 시절 대표 놀이공간은 바로 '집 근처 골목'이었어요. 골목은 누구나 친구가 되고 웃음이 가득했던 곳이었어요. 이야기하지 않아도 약속한 것처럼 매일 그 시간 같은 장소에서 모여 놀았던 아이들. 별다른 장난감 없이도 하루하루 즐겁고 행복했던 그때. 좁은 골목이나 공터 등에서 그때의 어린이들은 어떤 놀이를 즐겨 했을까요?

While playing with siblings or neighborhood friends in a nearby alley, the day might seem as short as the song *Treasure* describes it. These days, the neighborhood playground or the park is the most representative outdoor playground for children, but for earlier generations, their playgrounds were the alleys near their houses. Alleyways were places full of laughter where everyone became friends. Every day, children would meet at the same time and place, as if by appointment, to play. Even without special toys, their days were fun and happy. Let's take a look at the games children enjoyed in those narrow alleys and open spaces.

1-1

사방치기

Sabangchigi **hopscotch**

2~6명 적정 | 야외 | 놀잇감 놀이

사방치기는 땅에 놀이판을 그려놓고 돌을 던진 후, 그림의 첫 칸부터 마지막 칸까지 다녀오는 놀이예요. 1~8단까지 가야 하는데, 8단까지 먼저 올라간 사람이 하늘의 땅을 차지하는 놀이로 평평한 땅만 있으면 여럿이서 함께 놀 수 있어요. 지역에 따라 '땅따먹기'라고도 불렀어요.

1-2

비사치기

Bisachigi **stone throwing**

3~5명 적정 | 야외 | 놀잇감 놀이

비사치기는 손바닥만한 납작한 돌을 세워 놓고, 적당히 떨어진 거리에서 다른 돌을 던져 세워 놓은 돌을 맞히거나 특정한 동작을 하여 세워둔 돌을 쓰러뜨리는 놀이예요. 비사치기가 표준어로, 지방에 따라 비석치기, 비석까기, 돌차기 등으로도 불려요. 흔히 비석치기로 알고 있는데, 여기에서 비석은 무덤 앞에 세워 놓는 비석碑石이 아니라, 던져서 날아가는 돌이라는 뜻의 비석飛石이라고 해요.

1-3

딱지치기

Ttakjichigi card flipping

2명 이상 | 야외 | 놀잇감 놀이

딱지치기는 달력, 신문지 등 종이로 만든 사각형 딱지를 바닥에 내리쳐서 상대의 딱지를 뒤집으면 이기는 놀이예요. 이긴 사람은 뒤집은 상대의 딱지를 가질 수 있어요. 종이로 만든 네모 딱지뿐만 아니라 문방구에서 팔던 동그란 모양의 종이 딱지, 플라스틱, 고무 재질의 딱지도 인기가 많았어요.

딱지 접는 방법

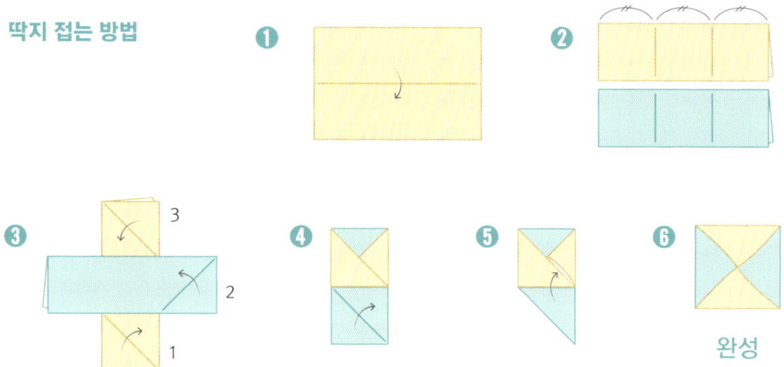

고무 딱지

Ttakji

2000년대 | 지름 5

돌아온 아톰 양면 딱지

Double-Sided *Atom Returns Ttakji*

1980년대 | 34×15.3

미니 딱지 시리즈 – 로봇 태권브이

Mini *Ttakji* Series–*Robot Taekwon V Ttakji*

1980년대 | 25.3×18.5 | 허대영 기증

원형 딱지놀이는 주로 딱지 그림 속 글자 수 또는
외곽에 그려진 별의 개수가 제일 많거나,
혹은 제일 적은 사람이 승리하는 방법으로 놀이를 즐겼다.
그리고 원형 딱지를 모아놓고,
손바닥으로 치거나 입으로 불어서
뒤집어진 수만큼 딱지를 가져가는 등의 놀이도 즐겨 했다.
각각의 딱지는 낱개로 떼어낼 수 있도록 제작되었다.

프로야구단 딱지

Pro Baseball Team *Ttakji*

1980년대 | 26.7×19.6

우주전함 코메트 딱지

Space Battleship Comet Ttakji

1980년대 | 26.6×18

1-4

고무줄놀이

Gomujul nori **playing with elastic bands**

2~5명 적정 | 야외 | 놀잇감 놀이

고무줄놀이는 노래에 맞춰 고무줄을 뛰어넘거나 다리에 감는 놀이로, 주로 여자아이들이 즐겨 했던 놀이예요. 이 놀이의 시작은 칡넝쿨이나 새끼줄 같은 자연물을 이용해 노는 것에서 고무줄을 이용하는 것으로 놀이도구가 바뀌었어요. 고무줄놀이에 쓰인 노래들은 다양한데, 노래나 가사를 보면 당시 시대적 상황을 알 수 있어요. 일제강점기에는 일본 노래, 광복 이후에는 해방가와 독립군가, 6·25 전쟁 이후에는 반공 노래 등을 불렀죠. 그 이후로는 학교에서 배우는 동요, TV 광고 노래나 만화영화 주제가들도 많이 불렀어요. 어린이들이 스스로 가사를 지어 부른 노래들도 많았어요.

금강산

작사 강소천, 작곡 나운영

금강산 찾아가자 일만이천봉
볼수록 아름답고 신기하구나
철따라 고운 옷 갈아입는 산
이름도 아름다워 금강이라네
금강이라네

금강산 보고 싶다 다시 또 한번
맑은 물 굽이쳐 폭포 이루고
갖가지 옛이야기 가득 지닌 산
이름도 찬란하여 금강이라네
금강이라네

고무줄놀이 하는 아이들 3 한영수 | 1960년대

장난감 기차

작사 미상, 작곡 진종화

장난감 기차가 뛰뛰 떠나간다
과자와 사탕을 싣고서

엄마 방에 있는 우리 애기한테
갖다주러 갑니다

장난감 기차가 칙칙 떠나간다
사과와 포도를 싣고서

공부 많이 하는 우리 언니한테
갖다주러 갑니다

고무줄놀이 하는 아이들 2 한영수 | 1960년대

고무줄놀이 하는 아이들 1 한영수 | 1960년대

1-5

말뚝박기

Malttukbakki **horse riding**

한 팀에 3~6명 적정 | 야외 | 맨몸놀이

말뚝박기는 여러 명이 함께 몸을 의지하여 말 모양을 만들고, 그 말을 타는 놀이예요. 수비 편은 한 명이 마부가 되어 나무나 벽에 기대어 서고, 나머지 사람들은 허리를 굽혀 말 모양을 만들어요. 공격 편은 멀리서 달려오면서 말 위에 올라타요. 공격 편이 모두 올라타면 맨 앞에 올라탄 기수[공격 편]와 마부[수비 편]가 가위바위보를 해서 승부를 정해요. 마부가 이기면 공격과 수비가 바뀌지만, 마부가 지면 수비 편은 또다시 말이 되어야 해요. 말을 만든 사람 가운데 한 사람이라도 무너지면 처음부터 다시 시작해야 해요.

말뚝박기하는 아이들 한영수 | 1960년대

1-6

무궁화꽃이 피었습니다

Mugunghwa kkochi pieotseumnida red light, green light

4명 이상 | 야외 | 맨몸놀이

술래잡기를 응용한 놀이로, 술래가 눈을 감고 있는 사이에 조금씩 술래에게 가까이 다가가서 술래를 손바닥으로 치고 도망가는 놀이예요. 술래가 벽을 보고 '무궁화꽃이 피었습니다.' 10글자를 외치는데, 구호가 끝남과 동시에 뒤돌아봤을 때 움직인 사람은 술래에게 잡혀요. 잡힌 사람은 술래의 포로가 되어 술래와 새끼손가락을 걸거나 손을 잡은 채 술래 옆에 서 있어야 해요. 술래에게 가장 가까이 접근한 다른 사람이 술래와 포로가 잡은 손을 쳐서 끊어 줄 수 있어요. 끊는 동시에 모두 원래의 출발선으로 도망가야 해요. 이때 잡힌 사람은 다음번 술래가 돼요. 만약 술래가 아무도 잡지 못했다면 다시 술래가 되어 처음부터 놀이를 시작해요.

1-7

숨바꼭질과 술래잡기

Sumbakkokjil* and *sullaejapgi hide-and-seek and tag

3명 이상 | 야외 | 맨몸놀이

'숨바꼭질'은 한 명의 술래가 정해진 숫자를 세는 동안 나머지 사람들은 숨고, 술래는 숨은 사람들을 찾는 놀이예요. 술래에게 먼저 들킨 사람이 다음 술래가 돼요. '술래잡기'도 숨바꼭질처럼 술래가 다른 사람들을 잡는 놀이인데, 숨바꼭질과의 차이점은 술래잡기는 숨는 과정 없이 '쫓고 쫓기는' 또는 '치고 치이는' 유형의 놀이라고 할 수 있어요. 이 놀이들은 정확히 언제부터 시작했는지는 알 수 없지만, 도구와 장소, 시간 등과 상관없이 자유롭게 즐길 수 있는 놀이라는 점에서 아주 먼 옛날부터 즐겨 했던 보편적인 놀이예요.

뛰노는 아이들 한영수 | 1960년대

체육 4

Sport 4

1984년 | 21×14.7×0.8

1984년에 발행된 제4차 교육과정기의 초등학교 4학년 체육 교과서이다. 교과서 내 '5장 술래잡기'에 수록된 내용이다.

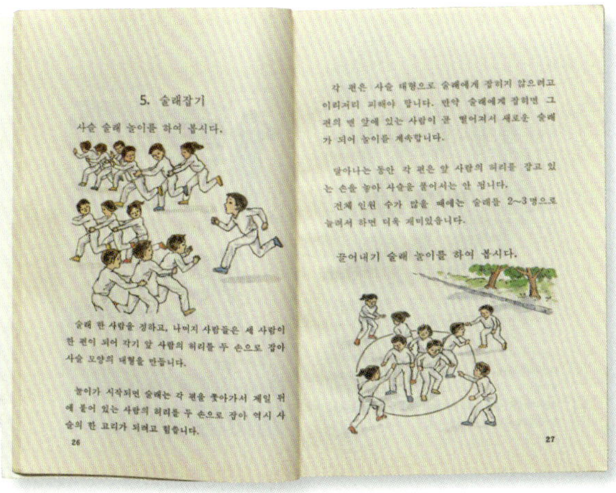

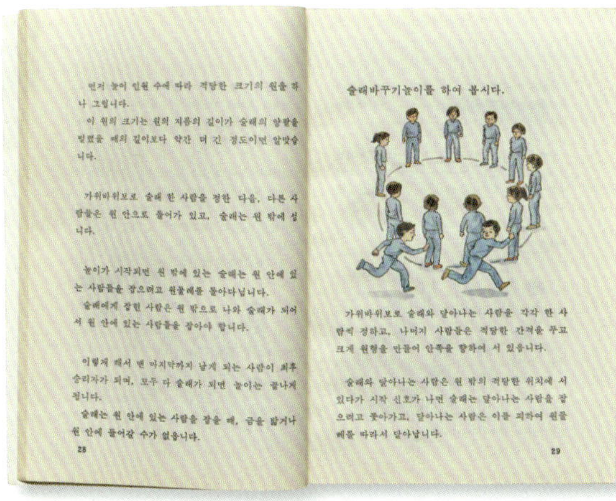

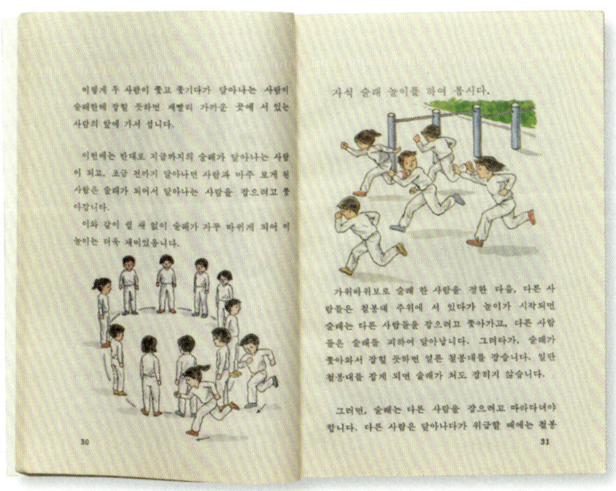

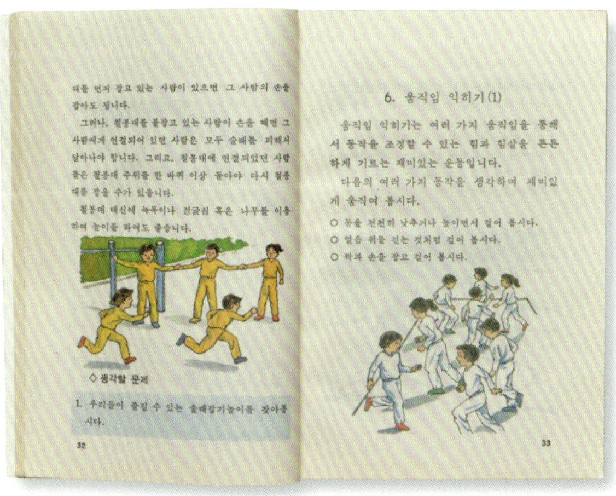

골목길 숨바꼭질 김기찬 | 1994년

탐구생활 3-2

Exploration Life 3-2

1989년 | 29.6×20.8×0.4

1989년에 발행한 제5차 교육과정기의 초등학교 3학년 겨울방학 보조 교과서인 '탐구생활'이다. 이 책에 수록된 '숨바꼭질'에 대한 내용이다.

〈 월 일 요일 날씨 〉

각을 을까요

람들의 모습을 그린 것입니 람은 누구일까요? 해당되는 니다.

③ "감기가 매우 심합니다. 약을 하루에 세 번 먹어야 합니다."

④ "난 주사 안 맞을래."

〈 월 일 요일 날씨 〉 37

숨바꼭질

철수, 경수, 순희 셋이서 숨바꼭질을 하고 있었습니다.

순희는 술래가 되었습니다. 철수와 경수는 뒤뜰 나무 뒤에 숨었습니다.

다음 그림을 잘 보고, 누구의 말이 맞는지 생각하여 봅시다.

① 위의 이야기 중에서 관찰인 것에 ○표 합시다.

발자국 소리가 들리는데. ( )

뿌득뿌득 소리가 들려. (○)

틀림없이 순희야. ( )

아니야, 어머니야. ( )

② 무엇으로 관찰했습니까?

③ 철수와 경수의 의견이 다른 부분은 관찰한 것입니까, 아니면 관찰한 것으로부터 미루어 생각한 것입니까?

④ 순희일 것이라고 생각한 이유를 이야기하여 봅시다.

⑤ 어머니일 것이라고 생각한 이유를 이야기하여 봅시다.

숨바꼭질 김기찬 | 1977년

구슬치기 홍순태 | 1968년

1-8

구슬치기

Gusulchigi marbles

2인 이상 | 야외 | 놀잇감 놀이

구슬치기는 주로 유리나 자기로 된 구슬 또는 구슬 모양의 돌을 가지고 노는 놀이예요. 구슬을 구멍에 넣거나, 목표물에 맞히거나, 상대의 주먹 안에 있는 구슬 숫자의 홀·짝수 또는 개수를 맞춰서 상대의 구슬을 따는 놀이 등 다양한 놀이 방법이 있어요.

유리 구슬

Glass marble

1990년대 | 지름 1.5 | 국립민속박물관 소장

우리 동네 편 나누기 방법

Making teams in the neighborhood

동네 아이들이 무리를 지어 놀다 보면 편을 나누어 놀게 돼요. 보통 가위바위보로 편을 나누지만 '손바닥을 뒤집거나 엎어서' 편을 나누는 방법이 가장 쉬워요. 하지만 이때 지역마다 동네마다 천차만별 다른 구호를 외쳤어요. 서울을 포함한 수도권에서는 주로 '데덴찌' 또는 '뒤집어라 엎어라' 등의 구호를 외쳤어요.

어린이 놀이 규칙, 깍두기

The rules of children's games – *kkakdugi*

팀을 나눌 때 홀수로 짝이 맞지 않거나, 또래 아이들보다 나이가 어리거나, 체격이 왜소하거나, 그 놀이를 잘하지 못하는 아이들이 있기 마련이죠. 이때 이 아이는 '깍두기'가 되어 어떤 팀에도 속하지 않고 같이 놀게 돼요. '깍두기'는 놀이에 대한 규칙은 따르지만, 승패에는 영향을 주지 않아요. 예를 들어 술래잡기를 할 때 '깍두기'도 술래잡기의 규칙은 똑같이 따르지만, '깍두기'는 술래에게 잡혀도 술래가 되지 않아요.

어린이 놀이에서 '깍두기'는 못하거나 약하거나 혹은 너무 잘하는 친구들과도 다 함께 재미있게 놀기 위해 만들어진 대안이에요. 잘 모르는 친구에게는 놀이를 가르쳐주고, 실수에도 한 번 더 기회를 주고, 그 놀이에 익숙해지도록 기다려 줘요. 아이들은 놀면서 상대방에 대한 관심과 배려를 배우게 돼요.

골목길 낙서 김기찬 | 1980년

사라진 골목길 풍경

Lost alleyway scenes

서울의 다양한 주택들을 배경으로 구불구불 펼쳐졌던 도심의 골목길은 해 질 녘까지 어린아이들의 웃음소리와 함성이 끊이지 않던 곳이었어요. 비좁고 놀이기구 하나 없는 골목길이었지만 그때의 아이들에게 그곳은 어떤 놀이도 가능한 상상의 놀이 무대, 놀이터였어요. 하지만 오래된 불량 주택을 없애고, 토지를 효율적으로 이용하기 위해 추진한 재개발 사업, 뉴타운 사업 등으로 서울은 빠르게 변화했어요. 도시 재개발 사업으로 넓고 곧은 대로가 생기면서 어깨를 부딪치며 지나다닐 만큼 좁은 골목길은 점점 사라졌어요. 골목이 사라지면서 골목에서 즐기던 놀이도, 놀이를 즐기던 아이들도 사라지게 되었어요. 차들이 다니는 도로에서 아이들이 노는 것은 위험한 일이 되었고, 놀이터나 공원 등 지정된 장소에서만 놀게 된 것이죠. 온종일 동네 친구들과 뛰어다니며 놀았던 그때의 골목과 놀이는 추억의 한편으로 남아 있어요.

소녀와 강아지 김기찬 | 1993년

골목길 악동들 김기찬 | 1988년

골목길 아이들 김기찬 | 1992년

숙제하는 아이들 김기찬 | 1989년

미소 짓는 아이들 김기찬 | 1976년

골목길 아이들 김기찬 | 1989년

자전거 타는 아이 김기찬 | 1992년

자전거 타는 아이들 김기찬 | 1989년

텔레비전 속 아이들 김기찬 | 1982년

EXPO

즐거운 아이들 김기찬 | 1993년

책 보는 아이들 황헌만 | 1978년

골목길 배드민턴 김기찬 | 1981년

개와 고양이 김기찬 | 1980년

웃고 있는 아이들 김기찬 | 1980년

골목길 아이들 정범태 | 1960년대

해맑은 아이들 한영수 | 1960년대

서울 도화동 골목길 김기찬 | 1988년

숭인동 골목길 황헌만 | 1978년

봉천동 골목길 1989년 | 임정의 기증

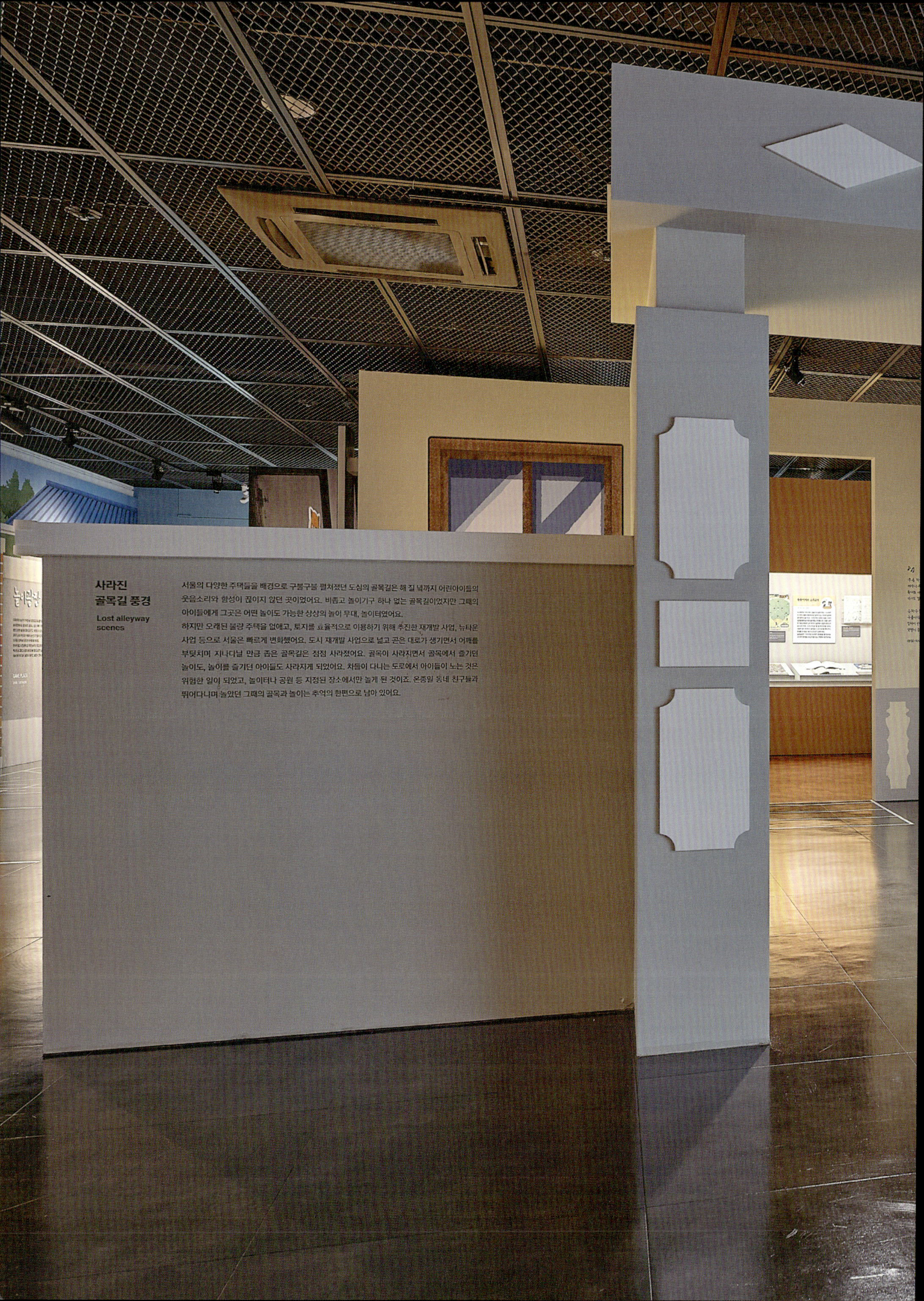
사라진
골목길 풍경
Lost alleyway
scenes
서울의 다양한 주택들을 배경으로 구불구불 펼쳐졌던 도심의 골목길은 해 질 녘까지 어린아이들의 웃음소리와 함성이 끊이지 않던 곳이었어요. 비좁고 놀이기구 하나 없는 골목길이었지만 그때의 아이들에게 그곳은 어떤 놀이도 가능한 상상의 놀이 무대, 놀이터였어요.
하지만 오래된 불량 주택을 없애고, 토지를 효율적으로 이용하기 위해 추진한 재개발 사업, 뉴타운 사업 등으로 서울은 빠르게 변화했어요. 도시 재개발 사업으로 넓고 곧은 대로가 생기면서 어깨를 부딪치며 지나다닐 만큼 좁은 골목길은 점점 사라졌어요. 골목이 사라지면서 골목에서 즐기던 놀이도, 놀이를 즐기던 아이들도 사라지게 되었어요. 차들이 다니는 도로에서 아이들이 노는 것은 위험한 일이 되었고, 놀이터나 공원 등 지정된 장소에서만 놀게 된 것이죠. 온종일 동네 친구들과 뛰어다니며 놀았던 그때의 골목과 놀이는 추억의 한편으로 남아 있어요.

Home Playgrounds
우리 집 놀이터

실뜨기
2명 / 실내 / 놀잇감 놀이
실뜨기는 실의 양 끝을 연결하여 두 손에 걸고 여러 모양을 만드는 놀이에요. 실뜨기는 전 세계적으로 많이 즐기는 놀이인데, 지금까지 알려진 실뜨기 놀이 방법만 해도 3,000개가 넘는다고 해요. 원래 실뜨기는 혼자 여러 가지 모양을 만드는 놀이인데, 두 사람이 서로 주고받으면서 하는 실뜨기는 우리나라 실뜨기의 특징이에요.
실뜨기 놀이 방법
공기놀이
1명 이상 / 실내 / 놀잇감 놀이
공기놀이는 공기라고 불리는 놀잇감을 손으로 던져서 받고 쥐면서 노는 놀이에요. 이 놀이는 혼자서도 할 수 있으며, 여럿이 편을 나누어서 할 수도 있어요. 넓은 공간이 필요하지 않고 놀잇감을 구하기 쉬웠기 때문에, 많은 사람들이 즐겨 했던 놀이에요. 지금은 일일이 헤아릴 수 없을 정도로 많은 공기놀이 방법이 있으며, 현재까지도 많은 사람들이 좋아하는 대표적인 실내놀이 중 하나에요.
봉선화 물들이기

2

Home Playgrounds

우리 집 놀이터

"나는 평생 하루도 일을 하지 않았다. 그것은 모두 재미있는 놀이였다."

- 토머스 에디슨

바깥에서 뛰어노는 것도 재미있지만, 날이 너무 무덥거나, 춥거나, 비가 많이 내릴 때는 집 안에 숨겨진 놀이 세상을 탐험해도 좋아요. 우리 집도 바깥 놀이터 못지않게 정말 넓고 재미있어요. 온종일 집에만 있어도 지루할 틈이 없어요. 집에서 즐길 수 있는 놀이의 종류도 많고, 놀이의 방법에 따라서는 실외보다 실내에서 노는 것이 적합하기도 해요. 집에서는 어떤 놀이를 즐겨 했을까요?

Playing outside is fun, but if it gets too hot or cold, or if it rains, there is a world of play to be explored at home. Houses can be just as spacious and fun as outdoor playgrounds. Even when staying at home all day, there's no time to get bored. You can enjoy many kinds of play—depending on the game, playing indoors can be even better than outdoors. What games would you like to play at home?

2-1

실뜨기

Siltteugi cat's cradle

2명 | 실내 | 놀잇감 놀이

실뜨기는 실의 양 끝을 연결하여 두 손에 걸고 여러 모양을 만드는 놀이예요. 실뜨기는 전 세계적으로 많이 즐기는 놀이로 지금까지 알려진 실뜨기 놀이 방법만 해도 3,000개가 넘는다고 해요. 원래 실뜨기는 혼자 여러 가지 모양을 만드는 놀이인데, 두 사람이 서로 주고받으면서 하는 실뜨기는 우리나라 실뜨기의 특징이에요.

실뜨기 놀이 방법

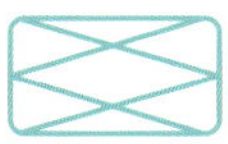

날틀

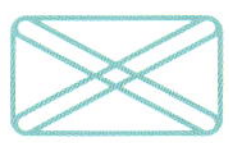

쟁반

젓가락

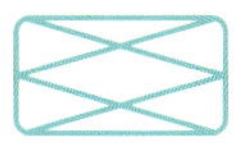

베틀

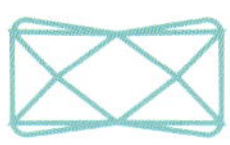

소눈

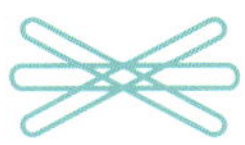

가위줄

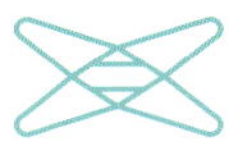

물고기

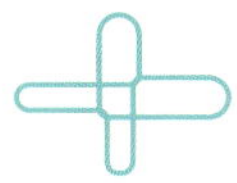

톱질

2-2

공기놀이

Gonggi nori jackstones

1명 이상 | 실내 | 놀잇감 놀이

공기놀이는 공기라고 불리는 놀잇감을 손으로 던져서 받고 쥐면서 노는 놀이예요. 이 놀이는 혼자서도 할 수 있으며, 여럿이 편을 나누어서 할 수도 있어요. 넓은 공간이 필요하지 않고 놀잇감을 구하기 쉬웠기 때문에, 많은 사람들이 즐겨 했던 놀이예요. 지금은 일일이 헤아릴 수 없을 정도로 많은 공기놀이 방법이 있으며, 현재까지도 많은 사람들이 좋아하는 대표적인 실내놀이 중 하나예요.

바닥에 있는 공깃돌을 정해진 수만큼 잡지 못하거나, 건드릴 때, 공중에 던졌던 공깃돌을 잡지 못할 때, 손등으로 받은 공깃돌을 떨어뜨리거나 잡아채지 못할 때, 놀이는 끝나고 상대편의 차례가 됩니다.

2-3

봉선화 물들이기

Bongseonhwa muldeurigi **dyeing fingernails with garden balsam**

2명 이상 | 실내 | 놀잇감 놀이

봉선화 물들이기는 음력 4월이 되면 어린아이와 젊은 여인들이 봉선화를 이용해 손톱에 물을 들이는 민속놀이로 한자어로는 염지[染指]라고 해요. 봉선화가 피면 원하는 빛깔의 봉선화와 함께 잎사귀를 조금 따서 돌이나 그릇에 놓고 백반을 섞어요. 이것을 찧어서 손톱에 붙인 뒤 헝겊으로 싸고 실로 감아두었다가 하룻밤을 자고 난 다음날 헝겊을 떼어보면 봉선화의 빛깔이 아름답게 손톱에 물들어 있어요. 옛날에는 봉선화로 손톱을 물들이는 것이 예뻐서라기 보다는 병마를 막기 위한 것이었다고 해요. 귀신이 붉은색을 두려워하므로 손톱에 붉은 봉선화 물을 들여 병귀를 쫓을 수 있다는 믿음에서 생긴 풍속이에요. 예부터 봉선화는 못된 귀신이나 뱀을 쫓아낸다고 알려져 있어, 집 울타리 밑이나 장독 옆, 밭 둘레에 봉선화를 많이 심었다고 해요. 그런 이유에서 봉선화를 금사화[禁蛇花]라고도 부른대요.

봉숭아꽃 물들이기

작사 차경숙, 작곡 박영신

봉숭아꽃 피었네 손톱에 물들이자
꽃 따고 잎 따다 예쁘게 물들이자
하룻밤 자고 나면 꿈 한번 꾸고 나면
꽃물이 들었네 꽃 손톱 되었네

꽃 따고 잎 따다 콩콩콩 찧어서
손톱에 얹어서 칭칭칭 묶어서
하룻밤 자고 나면 꿈 한번 꾸고 나면
꽃물이 들었네 꽃 손톱 되었네

2-4

손뼉치기

Sonppyeokchigi **hand clapping games**

2명 | 실내 | 노래놀이

손뼉치기는 서로 마주 보고 자신의 손바닥으로 상대방 손바닥을 치거나 몸동작에 맞춰 노래를 부르며 노는 놀이예요. 손뼉치기 놀이는 두 사람이 서로 마주 보고 노래 부르며, 손동작을 맞추어야 하기 때문에 상대방과의 정서적 유대 증진에 도움이 돼요. 손뼉치기를 일명 '쎄쎄쎄'라고도 부르는데, '쎄쎄쎄せっせっせ'는 일본어의 '마주대다, 접촉하다'라는 '셋스루接する'에서 나온 말이에요. 손뼉치기 놀이의 앞선 준비 동작으로 '쎄쎄쎄'라는 표현을 사용하지만, 이 말은 일본식 표현이므로 우리말인 손뼉치기 또는 손바닥 치기 등으로 부르는 게 좋아요.

반달

작사·작곡 윤극영

푸른 하늘 은하수 하얀 쪽배엔
계수나무 한 나무 토끼 한 마리
돛대도 아니 달고 삿대도 없이
가기도 잘도 간다 서쪽 나라로

은하수를 건너서 구름나라로
구름나라 지나선 어디로 가나
멀리서 반짝반짝 비치이는 건
샛별이 등대란다 길을 찾아라

수레형 목마

Cart-Type Rocking Horse

1950년대 | 70.3×41.5×83.7

어린아이들이 실외에서 놀이용으로 타는 목마이다. 네 개의 다리 부분에 활 모양의 받침대를 붙이고 바퀴를 달아 놓은 형태이다. 목마 안장 부분은 다리를 넣을 수 있도록 앞쪽이 뚫려 있고, 양쪽에 발판이 있다. 손잡이와 바퀴가 있어 어린이를 태우고 유모차처럼 손쉽게 밀고 다닐 수 있다.

목마 타는 아이들 한영수 | 1960년대

목마 타는 아이 한영수 | 1960년대

2-5

인형놀이와 소꿉놀이

Inhyeong nori* and *sokkup nori playing with dolls and playing house

1명 이상 | 실내 또는 실외 | 역할놀이

'인형놀이'는 사람이나 동물 모양으로 만든 장난감으로 노는 놀이를 말하며, '소꿉놀이'는 생활에서 접할 수 있는 소재를 이용해서 역할을 정해 노는 놀이를 말해요. 인형과 소꿉놀이의 도구들은 아이들이 역할놀이, 상상놀이를 할 때 가장 많이 이용하는 장난감이에요.

인형은 주변의 재료 또는 자연의 재료를 이용해 직접 만들었다가 점차 상품화된 다양한 종류의 인형들이 만들어졌어요. 나라와 시대별로 유행하는 인형도 다르죠. 인형에는 천, 나무, 흙, 플라스틱 등의 다양한 재질과 사람, 동물, 만화 캐릭터 등의 다양한 종류가 있어요.

소꿉놀이의 도구는 예전에는 그릇 파편, 흙, 풀 등 주변에서 쉽게 구할 수 있었던 도구나 자연 재료였지만, 지금은 플라스틱, 나무, 스테인리스 등 다양하고 안전한 재질의 장난감 세트가 대신하고 있어요.

인형놀이하는 아이들 김기찬 | 1980년

인형 놀이

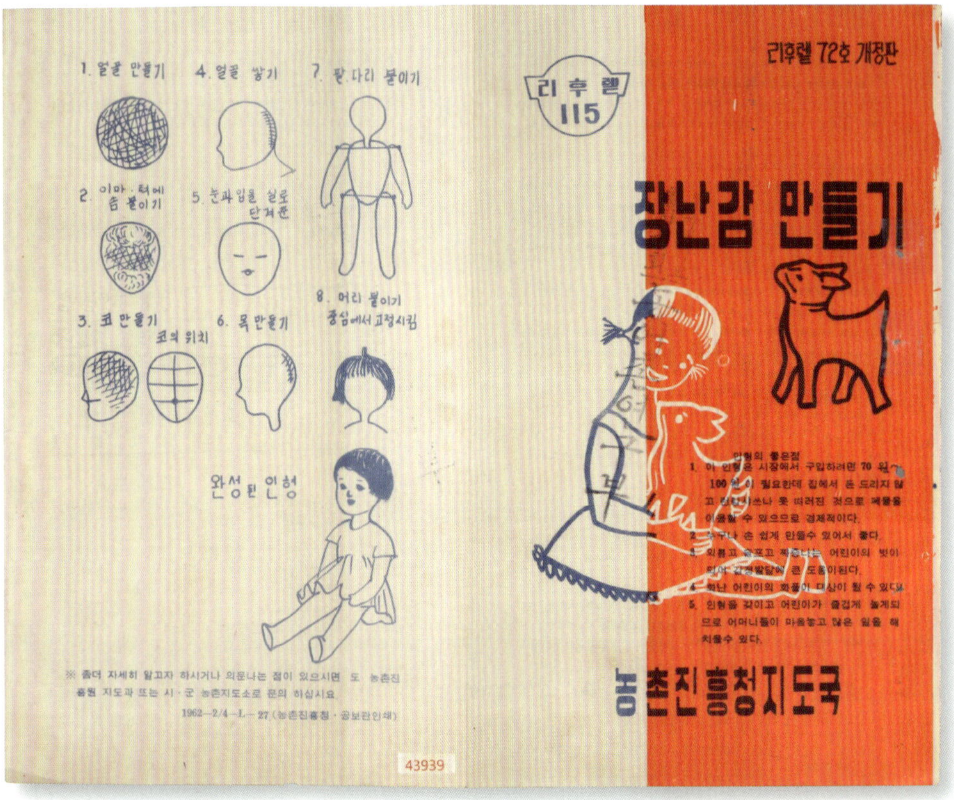

장난감 만들기 안내문

Toy-Making Guidelines

1962년 | 21.5×12.5 | 국립민속박물관 소장

농촌진흥청 지도국에서 발행한 안내문으로, 총 4면으로 구성되어 있다. 집에서 못 쓰는 천을 이용하여 어린이용 인형을 민드는 빙법이 그림과 함께 수록되어 있다.

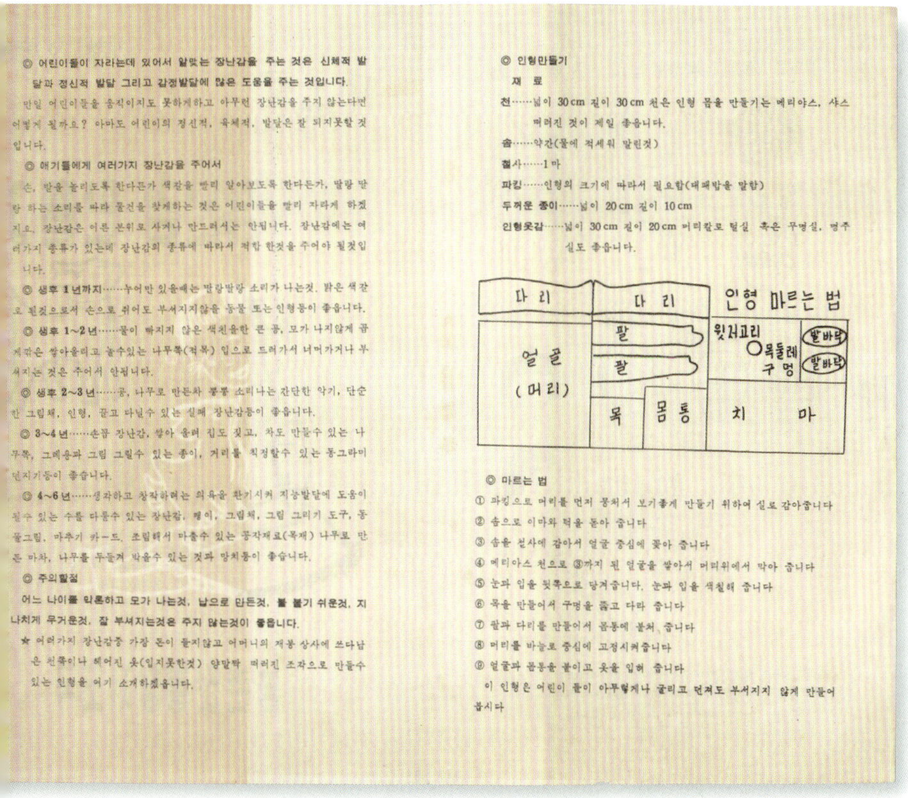

◎ 어린이들이 자라는데 있어서 알맞는 장난감을 주는 것은 신체적 발달과 정신적 발달 그리고 감정발달에 많은 도움을 주는 것입니다.

만일 어린이들을 움직이지도 못하게하고 아무런 장난감을 주지 않는다면 어떻게 될까요? 아마도 어린이의 정신적, 육체적, 발달은 잘 되지못할 것입니다.

◎ 애기들에게 여러가지 장난감을 주어서

손, 발을 놀리도록 한다든가 색갈을 빨리 알아보도록 한다든가, 딸랑 딸랑 하는 소리를 따라 물건을 찾게하는 것은 어린이들을 빨리 자라게 하겠지요. 장난감은 어른 본위로 사거나 만드러서는 안됩니다. 장난감에는 여러가지 종류가 있는데 장난감의 종류에 따라서 적합 한것을 주어야 될것입니다.

◎ 생후 1년까지……누어만 있을때는 딸랑딸랑 소리가 나는것. 밝은 색갈로 된것으로서 손으로 쥐어도 부서지지않을 동물 또는 인형등이 좋읍니다.

◎ 생후 1~2년……물이 빠지지 않은 색친을한 큰 공, 모가 나지않게 곱게깎은 쌓아올리고 놀수있는 나무쪽(적목) 입으로 드러가서 너머가거나 부셔지는 것은 주어서 안됩니다.

◎ 생후 2~3년……공, 나무로 만든차 뿡뿡 소리나는 간단한 악기, 단순한 그림책, 인형, 끌고 다닐수 있는 실패 장난감등이 좋읍니다.

◎ 3~4년……손끔 장난감, 쌓아 올려 집도 짓고, 차도 만들수 있는 나무쪽, 그레용과 그림 그릴수 있는 종이, 거리를 칙정할수 있는 동그라미 던지기등이 좋습니다.

◎ 4~6년……생각하고 창작하려는 의욕을 환기시켜 지능발달에 도움이 될수 있는 수를 다룰수 있는 장난감, 팽이, 그림책, 그림 그리기 도구, 동물그림, 마추기 카-드, 조립해서 마춯수 있는 공작재료(목재) 나무로 만든 마차, 나무를 두들겨 박을수 있는 것과 망치등이 좋습니다.

◎ 주의할점

어느 나이를 막론하고 모가 나는것, 납으로 만든것, 불 붙기 쉬운것, 지나치게 무거운것, 잘 부셔지는것은 주지 않는것이 좋읍니다.

★ 여러가지 장난감중 가장 돈이 들지않고 어머니의 재봉 상사에 쓰다남은 천쪽이나 헤어진 옷(입지못한것) 양말짝 떠러진 조각으로 만들수 있는 인형을 여기 소개하겠읍니다.

◎ 인형만들기

재 료

천……넓이 30 cm 길이 30 cm 천은 인형 몸을 만들기는 메리야스, 샤스 떠러진 것이 제일 좋읍니다.

솜……약간(물에 적세워 말린것)

철사……1 마

파킹……인형의 크기에 따라서 필요함(대패밥을 말함)

두꺼운 종이……넓이 20 cm 길이 10 cm

인형옷감……넓이 30 cm 길이 20 cm 머리칼로 털실 혹은 무명실, 명주실도 좋읍니다.

◎ 마르는 법

① 파킹으로 머리를 먼저 뭉처서 보기좋게 만들기 위하여 실로 감아줍니다
② 솜으로 이마와 턱을 돋아 줍니다
③ 솜을 철사에 감아서 얼굴 중심에 꽂아 줍니다
④ 메리아스 천으로 ③까지 된 얼굴을 쌓아서 머리위에서 막아 줍니다
⑤ 눈과 입을 뒷쪽으로 당겨줍니다. 눈과 입을 색칠해 줍니다
⑥ 목을 만들어서 구멍을 뚫고 다라 줍니다
⑦ 팔과 다리를 만들어서 몸통에 붙처 줍니다
⑧ 머리를 바늘로 중심에 고정시켜줍니다
⑨ 얼굴과 몸통을 붙이고 옷을 입혀 줍니다

이 인형은 어린이 들이 아무렇게나 굴리고 던져도 부서지지 않게 만들어 봅시다

알뜰 가족 인형 옷 입히기 놀이

Thrift Family Dressing Up Dolls

1980년대 | 10×25.1

종이 인형은 캐릭터와 옷들을 가위로 잘라, 각 의상의 어깨에 있는 고리를 캐릭터 어깨에 걸쳐 가며 놀 수 있는 장난감이다.

각종 종이 인형

Various Paper Dolls

1980년대 | 39×26 외

요술공주
삐삐
옷갈아입히기
값30원

오늘의 하루
한일
값30원

즐거운인형놀이
값100원
요술천사 피치

인형을 가지고 노는 여자아이들 한영수 | 1960년대

못난이 인형

Ugly Dolls Series

1980년대 | 각 5.4×4.7×8.3 | 허대영 기증

1970~80년대 유행했던 인형으로, 3명의 어린아이들이 다양한 표정을 짓고 있다. 인기가 많았던 만큼 시대별, 색상, 헤어스타일, 제조사에 따라 100여 가지의 다양한 인형이 있다. 인형 크기도 손가락 마디보다 작은 것부터 저금통으로 쓸 만큼 큰 것까지 다양하다.

①

아기 인형

Baby Doll

1980~90년대 | ① 19×13×7 ② 26×13.5×6 ③ 26×13.5×6 ④ 27.5×15.5×8

아기 인형은 어린이들의 애착 인형으로 인기가 있다. 유아기 때의 아이들은 인형과 같은 포근한 물건에서 심리적 안정을 얻을 수 있고, 인형과의 역할놀이를 통해 사회성을 기를 수 있다. 눕히면 눈이 감기고, 일으키면 눈이 떠지는 인형에서부터 울고, 웃고, 말하는 요즘의 옹알이 인형까지 아기 인형의 종류도 다양하다.

②

③

④

보석공주 미미 인형

Jewel Princess Mimi Doll

1995년 | 6×43.1×36.9

미미인형 놀이 세트는 1980년대부터 2000년대까지 꾸준하게 인기 있는 장난감이다. 다양한 직업군과 역할 놀이를 할 수 있는 인형들이 시리즈별로 출시되고 있다.

내 카메라 미미 인형

My Camera Mimi Doll

1997년 | 5.8×47.1×37.1

마론인형 드레스

Doll Dress

1990년대 | 25.6×37×1

총 20벌의 인형 드레스가 종이에 고정되어 있다. 드레스는 홀터넥 모양으로 레이스 끈을 이용하여 인형에 고정할 수 있게 되어 있으며, 색상과 무늬가 다양하다.

인형 놀이 김기찬 | 1983년

철인 28호 로봇 장난감

Tetsujin 28 Robot Toy

1996년 | ① 상자 5.1×13.5×20.2 ② 로봇 높이 17.6

철인 28호 로봇 본체와 등 부분에 탈착 가능한 부스터 모형이 함께 있는 장난감이다. 로봇 양팔에는 용수철이 있어 버튼을 누르면 양팔이 발사된다. 〈태양의 사자 철인 28호〉는 일본 만화영화를 리메이크한 것으로, 한국에서 전편이 비디오로 출시되었다.

②

①

아마게돈 장난감

Armageddon Toy

1995년 | 상자 7×41×31.7

만화가 이현세 원작 〈아마게돈〉의 등장인물을 입체로 제작한 피규어 장난감이다.

빛돌이 우주 2만리 장난감

Space Strikers Toy

1990년대 | 상자 5.5×27.8×20

〈빛돌이 우주 2만리〉에 나오는 등장인물을 형상화한 입체 피규어 세트이다. 〈빛돌이 우주 2만리〉는 1990년대 SBS 창사 기념으로 제작되었다. 대한민국, 프랑스, 미국의 합작으로 만들어진 세계 최초의 입체형 3D 애니메이션이다.

무적 변신 선가드 장난감

Brave Fighter of the Sun Fighbird Toy

1996년 | 상자 10.5×33.7×43

만화영화 〈지구용사 선가드〉 장난감이다. 장난감은 몸체와 얼굴이 결합해 인간형 '선가드'의 모습이거나, '무적변신 화이어 젯트'의 모습으로 변신할 수 있다.

독수리 5형제 GUN 장난감

Science Ninja Team Gatchaman Gun Toy

1996년 | 상자 13.5×46×26

독수리 5형제 중 독수리 켄 G1호와 비행기, 장난감 총, 모형 칼, 배지 등이 함께 들어있는 장난감이다. 〈독수리 오형제〉는 일본에서 제작한 만화영화로, 한국에서는 1979~80년 TBC에서, 1990년과 1996년에는 KBS를 통해 방영되었다.

(어린이장난감)

놀이는 아이들에게있어 유일한사업이다. 이러한사업을도와서 놀이들보다즐겁고 보다유익하게 하는것이 장난감과 어린이운동기구이다.

선진외국에서는 어린이책과 장난감을 감정하고선정하는 위원회가있어서 아이들에게 끼치는영향을조사한다음시장으로 내보낸다고 하지만 우리나라에서는역시어머니와 어른들이골라서주어야할수밖에없다.

장난감의 색갈은 어린아이일수록 빨강·노랑·파랑등 확실한것을 선택 는하이것 좋다. 아이들은그러한 선명한 색갈에서부터 먼저 인식하게되기때문이다. 무엇이든 입으로 가져가는 시기에는 위생적인것이 첫째 조건이지만 손으로 잡기쉽고 아름다운 소리가 나는것이 필요한조건이다. 색갈이 선명하고 여러가지색갈이 섞인 모듬나무(積木)는즐겁게 노는동안에구성력과창조력을 기를수있는것이다.

서너살이 되면서부터는 운동신경이 발달하고 적극적으로 몸을 움직이게된다. 비교적 머리를 쓰는놀이에도 흥미를 느낀다. 몸전체를 놀이속으로 들어갈수있는 자동차나 목마는 사내아이들이 흥미를 가지는 장난감이다.

장난은 매일생활의 모방이다. 그러기때문에 역시 현실적인것이 아이들에게 환영받는다. 상상적이고 즐거운놀이를 되풀이하면서 일상생활에필요성을 모르는사이에익히게된다. 모래장난이나 물놀이는봄에서여름동안아이들에게 최대의리크리에이숀이다. 이런때의 장난감은보기좋은것보다 튼튼한것이좋다. 그리고 아이들의손발이나 옷이 젖거나 더러워지는것을 어머니들은신경을 지나치게 쓰지않아야 한다. 아이들이 놀때는 위험한것을 제외하고는 마음놓고 놀수있어야지만 마음이 씩씩하게자랄수있는것이다.

어린이 장난감

놀이는 아이들에게 있어 유일한 사업이다.

이러한 사업을 도와서 놀이를 보다 즐겁고 보다 유익하게 하는 것이

장난감과 어린이 운동기구이다. … 아이들이 놀 때는 위험한 것을 제외하고는

마음 놓고 놀 수 있어야지만 마음이 씩씩하게 자랄 수 있는 것이다.

≪동아일보≫, 1960년 5월 5일

언니와 동생 김기찬 | 1972년

소꿉 놀이

소꿉놀이 한치규 | 1965년

그림으로 보는 게임 잔치

Illustrations of a Game Festival

1978년 | 25×18.5×1.6

다양한 놀이를 보여주는 책으로, 놀이를 '피서지 놀이', '실외놀이', '실내놀이' 등으로 분류하고, 이름과 준비물, 놀이 방법 등을 그림 만화로 소개하고 있다.

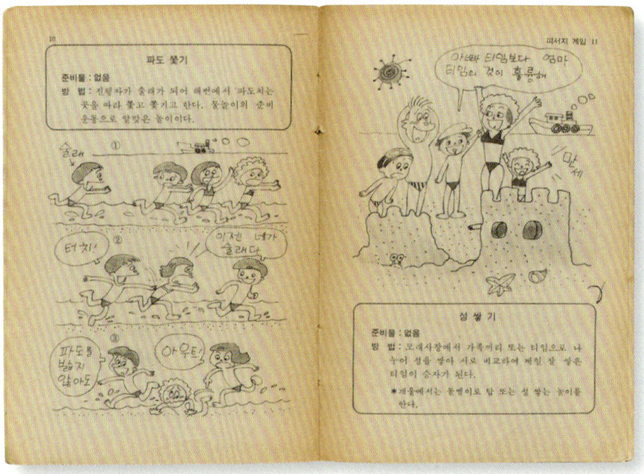

즐거운 생활 2-1

Joyful Life 2-1

1993년 | 25.6×18.9×0.7

1993년에 발행된 제5차 교육과정기의 초등학교 2학년 1학기 '즐거운 생활' 교과서이다. 즐거운 생활은 초등학교 저학년 대상을 위한 음악, 미술, 체육의 통합 교과서이다. 교과서 내, '16장. 소꿉놀이'에 대한 내용이다.

하기 쉬운 소꿉놀이

Easy Playing House

1963년 | 25.2×17.9×0.2

소꿉놀이에 필요한 물건 만드는 방법을 소개하는 등 놀이를 쉽게 할 수 있도록 설명해주는 어린이 그림책이다.

소꼽놀이 그림책

Playing House Picture Book

1972년 | 25.8×18.8×0.5 | 김혜림 기증

동네 소꿉놀이 김기찬 | 1991년

소꿉세트

Playing House Set

1981년 | 24.5×22×7.5

장바구니 안에 채소, 조리기구, 식기류 등의
모형이 들어있는 소꿉놀이 세트이다.

소꿉놀이 선물세트

Playing House Gift Set

1980년 | 26×15.5×3

다양한 종류의 주방용품채반, 아궁이, 가마솥, 밥상, 대야, 바가지, 냄비, 수저, 칼 등 모형으로 구성된 소꿉놀이 세트이다.

미미세탁기 장난감

Mimi Washing Machine Toy

1980년대 | ① 상자 22×33×44 ② 세탁기 18×27.5×26.5

세탁기 장난감으로, 건전지를 넣고 사용하면 실제 세탁기처럼 세탁과 탈수가 가능하다. 세탁기, 빨래스푼, 빨래통 등으로 구성되어 있고, 세탁물을 배수하는 호스도 있다.

①

②

소꿉장난 홍순태 | 1968년

소꿉놀이 | 김기찬 | 1984년

명동성당 입구 앞에서 소꿉놀이 한치규 | 1967년

2-6

윷놀이

Yut nori **wooden sticks game**

2명 이상 | 실내 | 운 놀이

윷놀이는 주로 정월 초하루에서 보름 사이에 하는 민속놀이로, 윷가락을 던지고 말을 사용하여 승부를 겨루는 놀이예요. 윷놀이는 29개의 점으로 구성된 윷판 위에서 네 개의 윷가락을 던져 각각 네 개의 말을 이동시키고 말들이 윷판을 모두 빠져나왔을 때 승부가 나요. 윷가락을 던져서 엎어지고, 뒤집어지는 모양을 따져 사위[꾸수]를 정하는데, 사위에 따라 말이 이동할 수 있어요.

윷

Yut

1980년대 | 각 17.2×1.8 | 손화준 기증

윷놀이에 사용되는 윷이다. 앞면 상단과 하단에 '복福'이 적혀있다. 윷놀이는 윷가락이 뒤집어진 수에 따라 이동할 칸의 수를 계산하는데, 그 근거는 동물의 걸음걸이에서 유래됐다. 도는 돼지, 개는 개, 걸은 양, 윷은 소, 모는 말을 상징한다. 가축의 크기와 빠르기에 따라 윷가락의 칸수와 윷말의 움직임을 결정한 것이다. 윷놀이는 매년 정월 때 남녀노소 누구나 즐겨 했던 우리 민속놀이이다.

2-7

보드게임

Board games

2명 이상 | 실내 | 놀잇감 놀이

보드게임은 말, 주사위, 산가지, 카드 등의 도구를 놀이판 위에 놓고 하는 모든 놀이를 말해요. 흔히 아는 윷놀이, 카드놀이, 체스, 바둑, 장기, 부루마불, 할리갈리 등도 모두 다 보드게임의 한 종류예요. 1970~90년대에는 어떤 보드게임을 즐겼을까요?

세계일주 놀이판

Around the World Board Game

1976년 | 26.9×38.5 | 김혜림 기증

《소년중앙》 1976년 3월호 부록 '세계일주 놀이판'이다. 주사위를 굴려 나온 숫자만큼 말을 움직여 세계일주를 하는 놀이이다. 서울, 시드니, 홍콩, 파리 등을 돌아서 가장 먼저 서울에 돌아온 사람이 승리한다.

뱀주사위 놀이판

Snake Dice Board Game

1980년대 | 32.8×22.5

뱀주사위 놀이는 주사위를 굴려 나온 수만큼 게임 말을 이동하고, 100번째 칸에 먼저 도달하면 승리하는 놀이이다. 각 칸마다 번호와 다양한 상황의 캐릭터가 그려져 있고, 고속도로와 같은 지름길 혹은 뱀과 같은 벌칙이 함께 표현되어 있다.

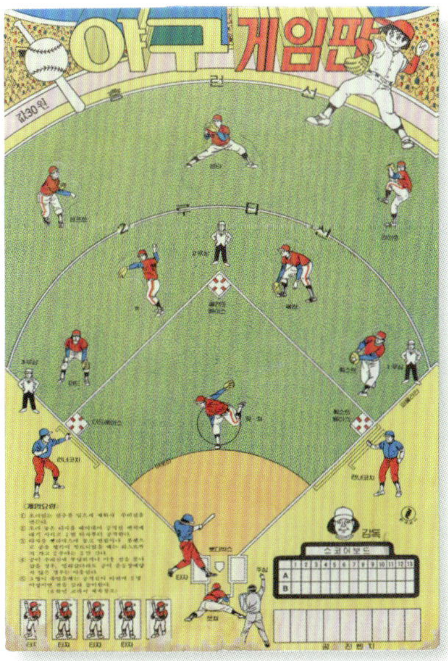

야구 게임판

Baseball Board Game

1980년대 | 33.2×22

연필이나 볼펜으로 공을 튕겨가며 야구 놀이를 할 수 있는 종이 놀이판이다. 투수와 1~3루에 있는 수비수를 앞으로 접어 올릴 수 있어 선수가 서 있는 것처럼 연출할 수 있다. 하단에는 게임 요령과 점수판이 있고, 5명의 타자를 낱개로 떼어낼 수 있도록 제작되어 있다.

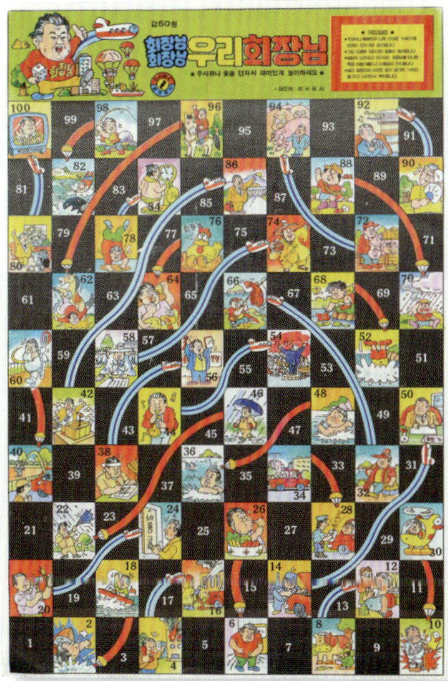

회장님 회장님 우리 회장님 주사위 놀이판

Our Admirable President Dice Board Game

1980년대 | 39.2×26

뱀주사위 놀이와 마찬가지로 주사위나 윷을 던져서 나온 수만큼 게임 말을 이동하고, 100번째 칸에 먼저 도달하면 승리하는 놀이이다. 각 칸마다 번호와 다양한 상황의 캐릭터가 그려져 있고, 비행기와 같은 지름길 혹은 낙하산과 같은 벌칙이 함께 표현되어 있다.

다이아몬드 게임판

Diamond Board Game

1990년대 | 지름 25.2×높이 2 | 박정웅 기증

다이아몬드 게임은 실내에서 하는 대표적인 반상 게임이다. 판은 6각 다이아몬드 꼴에 그은 선과 점으로 이루어지며, 2~3명이 말을 두어 승부를 겨룬다. 경기자는 차례로 말을 하나씩 움직여 맞은편에 있는 같은 색의 집으로 이동시키는데, 말 전부를 먼저 이동한 사람이 승자가 된다. 우연성이 적고, 경기법이 단순하여 대중적으로 즐길 수 있는 게임이다.

2-8

수수께끼와 스무고개

Susukkekki and *Seumugogae* riddles and twenty questions

2명 이상 | 실내 | 말놀이

수수께끼와 스무고개는 말놀이의 일종이에요. '수수께끼'는 어떤 사물에 대하여 바로 말하지 않고 빗대어 말하여 알아맞히는 놀이이고, '스무고개'는 감춰진 답을 20회의 질문을 통해 알아내는 놀이예요. 문제를 내는 사람이 생각한 것을 상대방은 스무 번까지 질문해서 정답이 무엇인지 알아내야 하죠. 스무고개 놀이를 할 때 문제를 맞추는 사람은 답이 무엇인지 알아낼 수 있는 질문을 해야 하고, 문제를 낸 사람은 '예/아니오'로만 답해야 해요.

국어 3-1

Korean 3-1

1981년 | 21×14.8×0.8

1981년에 발행된 제3차 교육과정기의 초등학교 3학년 1학기 국어 교과서이다. 교과서 내 '3장. 즐거운 말놀이'에 수록된 수수께끼에 대한 내용이다.

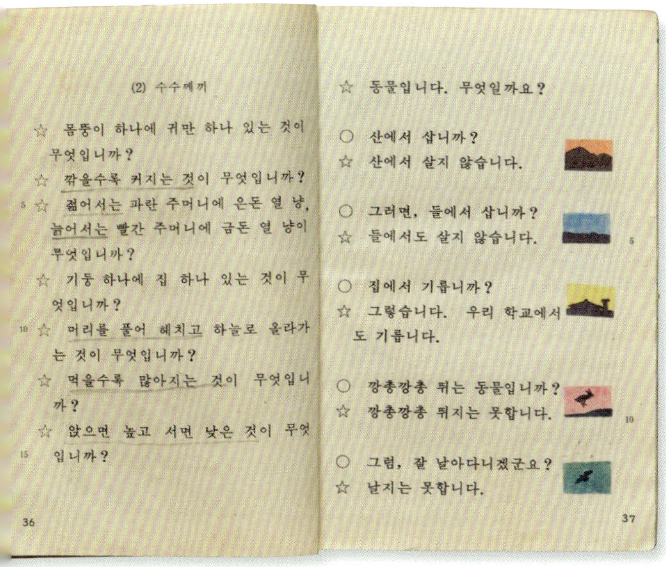

(2) 수수께끼

☆ 몸뚱이 하나에 귀만 하나 있는 것이 무엇입니까?

☆ 깎을수록 커지는 것이 무엇입니까?

☆ 젊어서는 파란 주머니에 은돈 열 냥, 늙어서는 빨간 주머니에 금돈 열 냥이 무엇입니까?

☆ 기둥 하나에 집 하나 있는 것이 무엇입니까?

☆ 머리를 풀어 헤치고 하늘로 올라가는 것이 무엇입니까?

☆ 먹을수록 많아지는 것이 무엇입니까?

☆ 앉으면 높고 서면 낮은 것이 무엇입니까?

36

☆ 동물입니다. 무엇일까요?

○ 산에서 삽니까?
☆ 산에서 살지 않습니다.

○ 그러면, 들에서 삽니까?
☆ 들에서도 살지 않습니다.

○ 집에서 기릅니까?
☆ 그렇습니다. 우리 학교에서도 기릅니다.

○ 깡총깡총 뛰는 동물입니까?
☆ 깡총깡총 뛰지는 못합니다.

○ 그럼, 잘 날아다니겠군요?
☆ 날지는 못합니다.

37

○ 뿔이 없는 동물이지요?
☆ 예, 그렇습니다.

○ 발이 넷입니까?
☆ 아닙니다. 둘밖에 없읍니다.

○ '꼬꺼요' 하고 웁니까?
☆ 그렇게 우는 소리는 못 들었읍니다.

○ 헤엄을 칠 줄 알지요?
☆ 예, 그렇습니다.

○ 알았읍니다. 집오리입니다.
☆ 맞았읍니다.

38

나는 이 세상에서 제일 높이 솟아 있읍니다.
내 몸은 색동 저고리처럼 곱습니다. 나는 반달처럼 둥그렇습니다.
나는 여름에만 나오고, 겨울에는 나오지 않습니다.
선녀들이 나를 타고 다닙니다. 나는 무엇일까요?

사회생활 1-2

Social Life 1-2

1962년 | 20.7×15×0.4

1962년에 발행된 제1차 교육과정기의 초등학교 1학년 사회생활 교과서이다. 교과서 내 '5장. 수수께끼'에 관한 내용이다.

"아니야, 내 생일날 이 아니야."
철수 가 말했읍니다.

—36—

"너 의 외할머니 께서 오셨니?"
일구 가 말했읍니다.
"아니야, 우리 외할머니 께서는 안 오셨어."
철수 가 말했읍니다.

—37—

어린이 색칠공부

Children's Coloring Book

1965년 | 26×19×0.2

운 동 장

색칠해보세요!!

색칠공부 – 지능테스트

Coloring Book – Intelligence Test

1970년 | 26.6×19.1×0.5

미취학 유아들에게 사물 관찰과 그리기에 대한 흥미와 즐거움을 느낄 수 있도록 제작된 학습서이다.

어린이 그림책 – 지능테스트

Children's Picture Book – Intelligence Test

1969년 | 25.9×18.8×0.4 | 김혜림 기증

쉽고 재미있는 그림으로 구성된 학습서이다. 어린이들의 발달과정에 맞춘 총 10가지의 질문이 있나.

똑같은 옷 2개를 고르고
색칠해보세요!!

2개의 똑같은 옷이 있어요. 찾아 보세요.

2-9

그림자 놀이

Geurimja nori **shadow puppetry**

1명 이상 | 실내 | 맨몸놀이

그림자 놀이는 촛불이나 백열전등 가까이에서 손을 움직여 벽이나 창문에 여러 모양의 그림자가 나타나는 것을 즐기는 놀이예요. 그림자가 비치는 곳이면 어디서나 할 수 있기 때문에 많은 사람들이 즐겨 했던 놀이로, 혼자서도 할 수 있고 여럿이서 어울려 하기도 했어요. 그림자는 물체의 모양을 그대로 투사透射하지만 빛이 어느 방향에서 비치느냐에 따라 크게 또는 작게도 보이며, 아예 새로운 형태를 만들기도 해요.

전깃불도 없던 옛날에는 저녁이 되면 가족들이 모여 앉아 호롱불이나 촛불을 켜면 생기는 그림자를 이용하여 손이나 간단한 도구로 여러 가지 모양을 만들고 그 모양에 따라 이야기를 꾸미며 놀았어요.

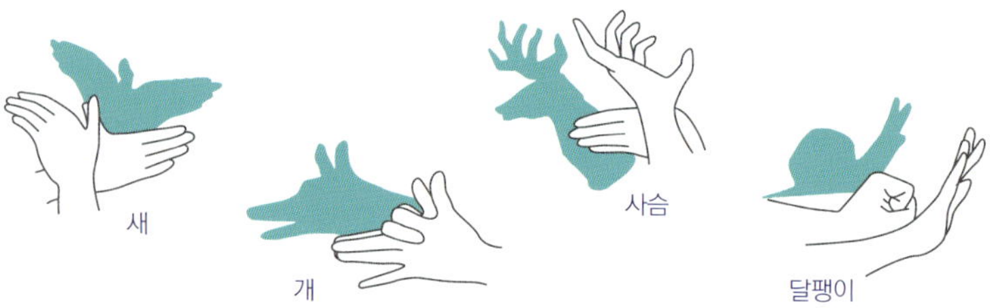

자연 1-2

Nature 1-2

1972년 | 20.9×14.7×0.4

1972년에 발행된 제2차 교육과정기의 초등학교 1학년 자연 교과서이다. 교과서 내에 수록된 '13장. 그림자 놀이'에 대한 내용으로, 여러 가지 모양의 그림자를 만들어 볼 수 있는 방법에 대해 알려주고 있다.

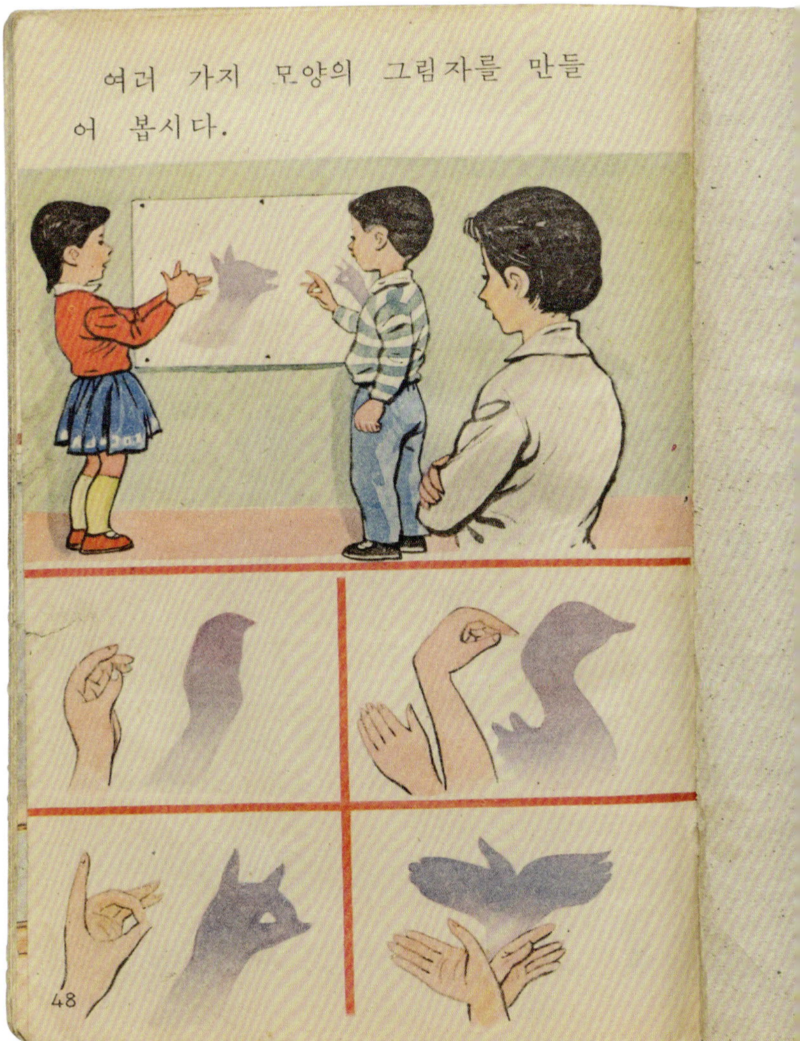

아동 참여형 놀이터
새로운 놀이터 등장
주민 참여형 어린이공원 재정비
놀이터 시설의 현대화
노후화된 어린이공원 리모델링 추진
놀이터 대규모 조성
규격화되고 획일화된 놀이터 조성
어린이 놀이터 등장
해외 표준 놀이시설 도입
2010
2000
1990
1980
1970
1960
1950
2008
서울시 상상어린이공원
사업 시작.
3년간 304개 조성
2015
1994
어린이공원
현대화 사업 시작
목재 놀이시설과
휴식공간을 제공하는
놀이터 조성
1999
주민 참여형 어린이공원
재정비공사 시작
1983
서울시 어린이
놀이터 37개소 완공
1971
「주택건설촉진법」 제정
(대규모 주택단지 내
어린이놀이터 조성을
법으로 규정)
1963
서울 남산
어린이놀이터 개장
모래를 테이블 밖으로 던지면 안 돼요.

달고나와 뽑기
Dalgona and ppopgi
(carving a shape out of "honeycomb" candy)
3~5명 적정 / 야외 / 놀잇감 놀이
달고나와 뽑기는 설탕을 녹여서 만든 어린이 대표 간식이에요. 지역에 따라 여러 가지 이름으로 불려요. 하지만 원래 달고나와 뽑기는 다른 종류의 간식이에요. '달고나'는 사각의 '포도당 덩어리'를 녹여 소다를 넣어 만든 사탕을 말하며, '뽑기'는 '설탕'을 녹인 다음 소다를 넣어 만든 사탕을 말해요. 하지만 포도당으로 만든 달고나는 상온에 놔두면 곰팡이가 잘 생기고 가격도 설탕보다 비싸서 점차 사라지게 됐고, 설탕으로 만든 사탕이 자연스럽게 달고나 또는 뽑기라고 부르게 됐어요.
부풀어 오른 설탕 덩어리를 누르개로 눌러 납작하게 만들고 모양틀을 찍어주면 뽑기 사탕이 완성돼요. 모양틀 그림에 맞게 잘 쪼개면 뽑기 사탕을 하나 더 주기도 했어요. 뽑기는 주로 학교 앞 길거리에서 많이 할 수 있었어요.
오징어놀이
6~10명 적정 / 야외 / 편공놀이
오징어놀이는 땅에 오징어 모양의 놀이판을 그린 다음 공격과 수비 두 편으로 나누어 여럿이 겨루는 놀이를 말해요. 오징어라는 이름은 놀이판의 그림이 오징어와 닮았다 하여 붙여진 이름이에요. 놀이판 안에 동그라미와 세모, 네모가 그려져 있어요. 공격하는 편 중 한 사람이 동그란 '만세통'을 밟으면 이겨요.
제기차기

학교생활

3

Apartment Complex Playgrounds and Schoolyards

아파트 놀이터와 학교 운동장

"1년 동안 대화하는 것보다 1시간 노는 것이 누군가에 대해서 더 잘 알 수 있다"

– 플라톤

아파트는 단지 이웃과 단절된 폐쇄적이고, 삭막한 공간일까요? 아파트가 우리 삶에 보편적으로 자리 잡기 시작한 것은 1980년대 전후예요. 이때 태어난 '아파트 키드'들에게 아파트는 수많은 아이들이 태어나고 자라난 삶의 기억과 추억이 깃들어 있는 '고향'이에요. 아파트 놀이터는 특히 동네 아이들의 '사교의 장'이자, 삶의 규칙과 사회를 배울 수 있었던 '하나의 세계'예요. 학교 운동장은 '사회활동의 중심'이자 '교육 장소'로 많은 아이들이 뛰어놀며 자연스럽게 배움을 얻는 공간이에요. 놀이도구와 놀이시설이 다양해진 지금까지도 아파트 놀이터와 학교 운동장은 어린이들이 가장 많이, 자주 이용하는 곳이에요. 이곳에서 어린이들은 다양한 놀이기구들을 이용한 놀이를 즐기고, 자신들만의 놀이 세계에서 새로운 규칙의 놀이를 만들어 놀기도 해요.

Are apartments just closed, desolate spaces cut off from neighbors? Apartments have been a general feature in the lives of Koreans since the 1980s. For "apartment kids" born in this period, apartments were like their "hometowns," filled with the memories of the countless children raised in these complexes. For these children, the playground of the apartment complex was not only a place for socializing but a "whole world" that taught them the rules of life and society. The schoolyard is both a center of social activities and a place for education where children can play and learn naturally. Nowadays, even with a great variety of playground facilities and equipment available around the city, playgrounds in apartment complexes and schoolyards remain the most popular and most well-used. Children enjoy playing on different equipment and creating new games and rules in their very own world of play.

5. 마을 놀이터

우리 마을에는 놀이터가 있읍니다.

마을 아저씨들이 만들어 주신 놀이터입니다.

36

놀이터에는 미끄럼틀, 그네, 시이소오가 있읍니다.

마을 어린이들은 이 놀이터에서 즐겁게 놉니다.

37

사회 1-2

Society 1-2

1968년 | 20.6×15×0.3

1968년에 발행된 제2차 교육과정기의 초등학교 1학년 사회 교과서이다. 교과서 내 '5장. 마을 놀이터'에 대한 내용으로, 동네 어린이들이 마을 놀이터에서 차례를 지키며 사이좋게 놀이하는 모습이 담겨 있다.

정수와 태영이는 골목길에서 공놀이를 하고 있었읍니다.

"얘들아, 놀이터에 가서 놀자. 놀 때에는 놀이터에서 노는 것이 좋아."

인수와 성구가 말했읍니다.

38

놀이터에서 어린이들이 그네를 먼저 뛰려고 하였읍니다.

"차례차례로 뛰자."

인수와 성구가 말했읍니다.

어린이들은 차례차례 그네를 뛰기로 하였읍니다.

39

한강맨션아파트 전경 1970년 | 국가기록원

자전거 타는 아이들 한영수 | 1960년대

반포아파트 1980년대 | 토지주택박물관

세발자전거

Children's Tricycle

1960년대 | 63×40×61

바퀴가 세 개 달린 자전거로, 어느 정도 걸음마에 익숙해진 어린아이들이 탈 수 있다.

타이어 놀이기구 노무라 모토유키 | 1980년대

시소 타는 아이들 노무라 모토유키 | 1982년

그물 놀이 노무라 모토유키 | 1981년

어린이대공원 시소 1973년 | 국가기록원

어린이 놀이터 광경 1978년 | 국가기록원

운동장에서 만난 아이들 정범태 | 1970년

경희초등학교 학생 학교생활 1972년 | 국가기록원

아파트 단지의 어린이 놀이터 1973년 | 문화체육관광부

아파트 어린이 놀이터 1977년 | 국가기록원

3-1

두꺼비집 짓기 놀이

Dukkeobijip jitgi nori sand-house making

1명 이상 | 야외 | 맨몸놀이

두꺼비집 짓기 놀이는 물기가 있는 흙이나 모래를 손등 위에 얹어 두드리다가 손을 조심스럽게 빼내어 굴 모양의 집을 만드는 놀이예요. 모래 속에서 손을 빼기 직전에 소원을 빌거나, 흙집에 꽃이나 나뭇가지를 꽂아 꾸미기도 했어요. 주로 '두껍아, 두껍아. 헌 집 줄게. 새집 다오.'라는 노래를 함께 불렀어요. 물가나 바닷가, 학교, 놀이터 등 모래가 있는 곳이면 쉽게 할 수 있어 어린이들의 대표적인 모래놀이 중 하나예요.

두껍아 두껍아

작사·작곡 미상

두껍아 두껍아 헌 집 줄게 새 집 다오
두껍아 두껍아 물 길어 오너라
두껍아 두껍아 너희 집 지어줄게
두껍아 두껍아 너희 집에 불났다
솥이랑 가지고 뚤레뚤레 오너라

추억 속 모래 놀이터

Vintage Sand Playgrounds

예전에는 〈두껍아, 두껍아〉 노래를 흥얼거리며 모래놀이 하는 아이들을 주변에서도 쉽게 찾을 수 있었죠. 집 근처 어린이 놀이터나 학교 운동장에만 가도 모래 놀이터가 꼭 있었지만, 지금은 그렇지 않아요. 과거에 비해 놀이시설이 다양해지고, 안전해졌지만 모래놀이 공간은 찾기 어려워졌어요.

2008년 '어린이놀이시설 안전관리법'이 제정·시행되면서 각종 놀이시설에 대한 위생과 안전성이 강화되었어요. 모래 놀이터는 동물들의 배설물, 쓰레기, 기생충 등 위생적 문제로 관리가 어렵고, 충격 흡수 기능이 떨어지기 때문에 점점 사라지게 되었어요. 대신 관리가 편한 우레탄, 고무 등으로 바닥을 포장한 놀이터가 많아졌어요. 신축 아파트와 새로 조성된 공원의 놀이터 그리고 학교 운동장에서는 모래놀이를 하기 힘들어졌고, 놀이하는 아이들도 점점 사라지고 있어요.

시대별 어린이 놀이터
Children's playgrounds by generation

1950~60년대
어린이 놀이터의 등장

경제적 도약기인 1960년대 후반부터 서울시를 중심으로 놀이터 조성이 점차 확대되었어요. 우리나라는 해외의 그네, 시소, 미끄럼틀 등의 놀이터 표준 놀이시설을 그대로 도입했어요. 1963년 개장한 '서울 남산 어린이 놀이터'는 콘크리트로 만들어진 커다란 미끄럼틀 두 개가 중앙에 설치되어 있고, 대형 2인용 그네가 연달아 네 개가 있는 그 당시 우리나라 최대 규모의 어린이 놀이터였어요.

남산 어린이 놀이터 개장 1963년

남산 어린이 놀이터 전경 1969년 | 국가기록원

남산 어린이 놀이터 전경 1963년 | 국가기록원

1970~80년대

놀이터 대규모 조성

1970년대 급속한 도시화에 따른 도시의 인구증가와 주택 부족 등의 문제를 해소하기 위해서 대규모 주택공급 정책이 추진되었어요. 1977년 제정된 『주택건설촉진법』에는 대규모로 조성되는 주택단지에는 주민들을 위한 공공시설인 어린이공원과 놀이터를 함께 조성하게 되어 있어요. 이 법으로 놀이터는 양적으로 많이 증가했지만, 어느 지역이나 유사한 모습의 규격화되고 획일화된 놀이터가 자리 잡게 되었어요.

서울시 어린이 놀이터 37개소 완공 1983년

목동아파트 놀이터 1980년대

중구 어린이 놀이터 1977년

목재 놀이터 1990년대 | 두피디아

목재 놀이터 1990년대 | 두피디아

1990년대

놀이터 시설 현대화

1990년대에는 '어린이공원 현대화 사업'이라는 이름으로 노후화되고 단순하게 배치되어 있던 기존 어린이공원을 리모델링 하는 사업을 추진했어요. 이 시기의 놀이시설물은 이전에 비해 개수도 많아지고, 규모도 커졌으며, 목재 놀이시설과 주민을 위한 휴식공간, 산책로 등 다양한 시설도 함께 생겼어요. 하지만 놀이시설의 구성, 놀이 요소 및 기능 등은 이전과 전반적으로 유사했어요.

성북구 삼선 상상어린이공원 2003년 | 성북구청 공식 블로그

2000년대

새로운 놀이터 등장

1990년대 이전까지는 놀이터의 양적 확대였지만 2000년대 이후 놀이터 정책의 목적은 획일화된 놀이터에서 탈피하는 것이었어요. '주민참여형 어린이공원 재정비공사'와 '상상어린이공원 사업' 등에서 주민을 놀이터 설계 과정에 참여시키는 한편, 아이들의 창의력과 모험심을 유발할 수 있는 다양한 콘셉트의 놀이터를 만들고자 노력했어요. 어린이가 창의성을 키우고 과학 놀이, 자연학습 등을 체험하고 즐길 수 있는 다양한 놀이터가 생겼어요.

중랑구 상봉어린이공원 2015년 | 세이브더칠드런

중랑구 세화어린이공원 2015년 | 세이브더칠드런

양천구 쿵쾅쿵쾅 꿈마루 놀이터 2018년 | 예건

2010년대

아동 참여형 놀이터 등장

2010년대에 들어서는 놀이터의 주 이용자인 어린이들이 놀이터 설계 과정에 직접 참여하여 적극적으로 의견을 제시하며 놀이터를 만들어 가는 아동 참여형 놀이터가 등장했어요. 어린이 참여형 놀이터로는 서울 양천구의 '쿵쾅쿵쾅 꿈마루 놀이터', 중랑구의 '세화어린이공원', '상봉어린이공원' 등이 있어요. 놀이터의 놀이시설물이 어린이가 스스로 놀이행태를 창조하고 상상력과 창의성을 이끌어 낼 수 있도록 변화하고 있어요.

3-2

제기차기

Jegichagi *jegi* kicking

2명 이상 | 야외 | 놀잇감 놀이

제기차기는 제기를 발로 차며 즐기는 놀이예요. 제기는 구멍 뚫린 엽전을 비단이나 한지로 접어 싼 다음, 양 끝을 구멍에 꿰고 그 한지의 끝을 여러 갈래로 찢어서 만들어요. 제기차기는 공을 차는 축국蹴鞠이 발전해오는 과정에서 공 대신 제기로 놀잇감이 바뀐 형태예요. 예전에는 설날, 정월 대보름 등에 했던 겨울 민속놀이였지만, 요즘에는 계절에 관계없이 즐기는 놀이예요.

3-3

오징어놀이

Ojingeo nori **"squid game": offense-defense game on a squid-shaped field**

6~10명 적정 | 야외 | 맨몸놀이

오징어놀이는 땅에 오징어 모양의 놀이판을 그린 다음 공격과 수비 두 편으로 나누어 여럿이 겨루는 놀이를 말해요. 오징어라는 이름은 놀이판의 그림이 오징어와 닮았다 하여 붙여진 이름이에요. 놀이판 안에 동그라미와 세모, 네모가 그려져 있어요. 공격하는 편 중 한 사람이 동그란 '만세통'을 밟으면 이겨요.

3-4

달고나와 뽑기

Dalgona and *ppopgi* carving a shape out of "honeycomb" candy

3~5명 적정 | 야외 | 놀잇감 놀이

달고나와 뽑기는 설탕을 녹여서 만든 어린이 대표 간식이에요. 지역에 따라 여러 가지 이름으로 불려요. 하지만 원래 달고나와 뽑기는 다른 종류의 간식이에요. '달고나'는 사각의 '포도당 덩어리'를 녹여 소다를 넣어 만든 사탕을 말하며, '뽑기'는 '설탕'을 녹인 다음 소다를 넣어 만든 사탕을 말해요. 하지만 포도당으로 만든 달고나는 상온에 놔두면 곰팡이가 잘 생기고 가격도 설탕보다 비싸서 점차 사라지게 됐고, 설탕으로 만든 사탕이 자연스럽게 달고나 또는 뽑기라고 부르게 됐어요.
부풀어 오른 설탕 덩어리를 누르개로 눌러 납작하게 만들고 모양틀을 찍어주면 뽑기 사탕이 완성돼요. 모양틀 그림에 맞게 잘 쪼개면 뽑기 사탕을 하나 더 주기도 했어요. 뽑기는 주로 학교 앞 길거리에서 많이 할 수 있었어요.

달고나 만들기 2007년

뽑기하는 아이들 홍순태 | 1967년

창신동 뽑기 황헌만 | 1978년

뽑기 도구

"Honeycomb" Candy Kit

1980년대 |
① 연탄 화로 지름 32×높이 40
② 국자 지름 9×길이 30 외
③ 모양틀 길이 10
④ 누르개 지름 12×높이 10

뽑기할 때 사용했던 도구들로, 연탄 화로, 국자, 모양틀, 누르개 등이다.

자연 놀이터
아이스크림
하-드
氷
100원

4

Natural Playgrounds
자연 놀이터

"자연을 보라. 그리고 자연이 가리키는 길을 따라가라.
자연은 쉼 없이 아이들을 단련시킨다."

– 장 자크 루소

집 근처 뒷동산 같은 자연은 아이들에게 훌륭한 놀이터였어요. 아이들은 사계절 내내 뛰어놀면서 자연의 이치와 여러 생명들이 살아가는 방식을 이해하게 되었고, 자연에서 놀잇감을 찾아 자기만의 방식으로 놀면서 생활을 풍요롭게 할 지혜를 찾아내기도 했어요. 자연 놀이터는 아이들에게 기꺼이 둘도 없는 친구가 되어주었고, 더욱 풍성하고 재미있는 놀이 세상을 만들어줬어요. 자연 놀이터에서 잠시 쉬어가며, 자연에서 즐길 수 있는 놀이들을 찾아보세요.

If one had a hill near one's house, it made a great playground. Playing outdoors during all four seasons, children learned about the laws of nature and the ways different creatures live. They gained wisdom about life by making their own toys in nature and playing in unique ways. Natural playgrounds became indispensable friends for children, providing a richer and more fun world of play. Take a break in the natural playground and look for games you can enjoy in nature.

연 만드는 아이들 한영수 | 1960년대

나무와 어린이들 홍순태 | 1968년

만들기 놀이하는 아이들 한영수 | 1960년대

Natural Playgrounds

자연 놀이터

어린이 칼싸움 황헌만 | 1978년

4-1

새총과 딱총놀이

Saechong* and *ttakchong nori slingshot and bamboo tube slingshot

1명 이상 | 야외 | 놀잇감 놀이

예전에는 새총, 딱총, 자치기 막대, 제기, 버들피리처럼 주변에서 쉽게 구할 수 있는 자연물을 변형한 놀이기구를 만들어 놀았어요. '새총'은 Y자 모양의 발사대에 고무줄 같은 탄력이 강한 줄을 걸고서 돌 따위를 날리는 도구를 말해요. '딱총'은 보통 산죽*을 잘라서 대롱을 만들고 물에 적신 종이를 총구에 넣은 후 압력을 이용해 총알을 밀어 내는 도구를 말해요. 물을 이용하는 대신 화약을 이용한 불딱총도 있으며, 총알 대신 물을 내쏘는 물딱총도 있어요.

*__산죽__: 높이 1m 안팎으로 자라는 대나무를 말하며, '조릿대'라고도 불러요.

새총

Slingshot

1990년대 | 새총 27.4×10 끈길이 61.5 | 예천박물관 소장

새총 놀이하는 아이들 한영수 | 1960년대

4-2

연날리기

Yeonnalligi **kite flying**

1명 이상 | 야외 | 놀잇감 놀이

연날리기는 주로 겨울철에 바람을 이용하여 연을 하늘에 띄우고 노는 놀이를 말해요. 종이에 가는 대나무 가지를 붙여 연을 만들고, 얼레에 감긴 실을 연결한 다음 연을 날리며 놀아요. 연의 종류는 그 형태와 문양에 따라 분류되는데, 그 종류가 100여 종에 이르러요. 그러나 가장 많이 쓰는 연은 장방형의 방패연과 마름모형의 가오리연이에요.

연날리기

작사 권연순, 작곡 한수성

에헤야디야 바람 분다 연을 날려보자
에헤야디야 잘도 난다 저 하늘 높이 난다
무지개 옷을 입고 저 하늘에 꼬리를 흔들며
모두 다 어울려서 친구된다
두둥실 춤을 춘다
에헤야디야 바람 분다 연을 날려보자
에헤야디야 잘도 난다 우리의 꿈을 싣고

사회생활 1-2

Social Life 1-2

1962년 | 20.7×15×0.4

1962년에 발행된 제1차 교육과정기의 초등학교 1학년 사회생활 교과서이다. 교과서 내 '2장. 연띄우기'에 관한 내용이다.

②

①

연과 얼레

Kite and Reel

1980년대 | ① 연 50.1×34.6 외 ② 얼레 75.8×21 |
최지섭 기증

기증자의 아들이 초등학교 때 썼던 다양한 문양의 방패연과 얼레이다.

연 날리는 아이들 정범태 | 1950년대

4-3

기차놀이

Gicha nori **train game**

3~10명 적정 | 야외 | 놀잇감 놀이

기차놀이는 아이들이 기차 흉내를 내며 즐기는 놀이로, 19세기 이후 등장한 기차에 대한 아이들의 호기심으로 만들어진 놀이라고 할 수 있어요. 3~10명의 아이들이 양쪽 끝을 잡아맨 새끼줄 안에 들어가 적당한 간격으로 서서 이리저리 옮겨 다니며 놀아요. 상대의 어깨 위에 손을 올려 기관차를 꾸미고, 손을 흔들며 기관차 바퀴의 시늉을 내기도 해요. 기차로 묶어줄 수 있는 끈만 있으면 많은 아이들이 야외에서 함께 즐길 수 있는 놀이로, 아이들의 협동심과 사회성을 기르는 데에 도움을 줘요.

기차놀이 한영수 | 1960년대

4-4

대나무 물총놀이

Daenamu mulchong nori **bamboo water gun game**

2명 이상 | 야외 | 놀잇감 놀이

대나무 물총놀이는 대나무 물총을 가지고 상대에게 물을 쏘아 대며 노는 여름철 놀이예요. 대나무의 굵은 왕대를 이용하여 물총을 만들었는데, 1960년대 후반부터 고무 물총이 나오면서 고무 물총이 대나무 물총을 대신하게 되었어요.

자연 3-2

Nature 3-2

1969년 | 20.9×14.9×0.4

1969년에 발행된 제2차 교육과정기 초등학교 3학년 과학과 자연 교과서이다. 교과서 내 '8장. 재미있는 장난감'에 관한 내용이다. 대나무 물총을 만드는 방법과 물총의 원리에 대해 설명하고 있다.

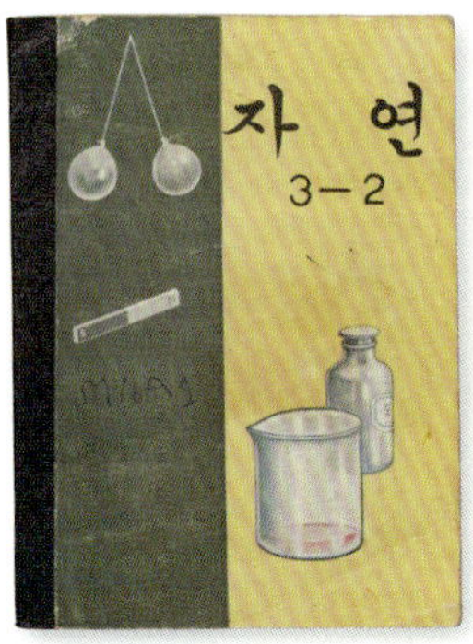

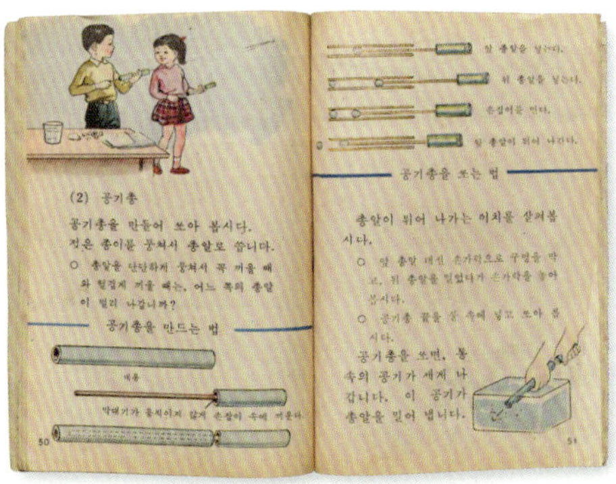

물총놀이 김한용 | 1950년대

Hangang River Playgrounds
한강 놀이터
대로변을 다니는 수많은 자동차, 높다란 아파트와 빌딩 숲을 가로지르며 잔잔히 흐르는 한강은 복잡다단한 서울 도심을 아름다운 풍경으로 바꾸어 놓아요. 한강은 한반도의 중심이자 수도 서울의 상징이에요. 한강을 따라 조성된 한강시민공원은 서울의 대표적인 자연 생태 공간이자, 다양한 여가활동과 문화생활을 즐길 수 있는 공간이며, 사람들의 만남과 휴식이 이루어지는 장소예요. 한강은 오래전부터 서울시민들의 휴식처이자 놀이공간이었어요. 이전 한강은 어떤 모습이었을까요? 그곳에서 사람들은 어떤 놀이를 즐겼을까요?
Gently flowing between forests of high-rise apartment buildings and the countless cars on the highway, the Hangang River transforms Seoul's bustling center into a beautiful landscape. It is both the core of the Korean Peninsula and a symbol of Seoul. The parks along the river's shores are the capital's main ecological spaces. They are the setting for various leisure and cultural life activities and offer city dwellers a place to rest and meet others. The Hangang River has long been a playground and resting space for Seoulites. What did the Hangang River look like in the past, and what kinds of games did people enjoy there?

한강의 여름: 백사장에서 강수욕

하 - 드
氷
100원

5

Hangang River Playgrounds

한강 놀이터

"새들은 날아다니고, 물고기는 헤엄치고, 아이들은 놀이를 한다."

– 게리 랜드레스

대로변을 다니는 수많은 자동차, 높다란 아파트와 빌딩 숲을 가로지르며 잔잔히 흐르는 한강은 복잡다단한 서울 도심을 아름다운 풍경으로 바꾸어 놓아요. 한강은 한반도의 중심이자 수도 서울의 상징이에요. 한강을 따라 조성된 한강시민공원은 서울의 대표적인 자연생태 공간이자, 다양한 여가활동과 문화생활을 즐길 수 있는 공간이며, 사람들의 만남과 휴식이 이루어지는 장소예요. 한강은 오래전부터 서울시민들의 휴식처이자 놀이공간이었어요. 이전 한강은 어떤 모습이었을까요? 그곳에서 사람들은 어떤 놀이를 즐겼을까요?

Gently flowing between forests of high-rise apartment buildings and the countless cars on the highway, the Hangang River transforms Seoul's bustling center into a beautiful landscape. It is both the core of the Korean Peninsula and a symbol of Seoul. The parks along the river's shores are the capital's main ecological spaces. They are the setting for various leisure and cultural life activities and offer city dwellers a place to rest and meet others. The Hangang River has long been a playground and resting space for Seoulites. What did the Hangang River look like in the past, and what kinds of games did people enjoy there?

5-1

물놀이

Mul nori **water games**

1명 이상 | 야외 | 맨몸놀이

물놀이는 말 그대로 더운 여름에 물가, 냇가, 바닷가, 수영장 등에서 물장구치며 노는 놀이를 말해요. 물가에 가지 못할 때는 집 마당에 커다란 고무대야에 물을 받아두고 놀기도 했어요. 1960년대까지만 해도 서울사람들은 한강 백사장 유원지에서 모래놀이, 물놀이를 즐기며 여름 피서를 보냈다고 해요.

미키마우스 아이스크림 카트

Mickey Mouse Ice Cream Cart

1980년대 | 61×78×82

당시 유원지 등 사람들이 많이 모이는 곳에서 아이스크림을 팔 때 사용한 이동식 카트이다. 이 카트는 여름철 위생 관리의 복병으로 여겨졌지만 여름에 먹는 아이스크림은 늘 인기가 있었다.

어린이 모래놀이 정범태 | 1963년

한강 뚝섬 유원지에서 물놀이하는 시민 1972년 | 임정의 기증

모래찜질 중인 어린이 정범태 | 1960년대

모래놀이 중인 소년들 정범태 | 1950년대

뚝섬에서 나룻배와 가족 임인식 | 1955년

수영장 모습 한영수 | 1960년대

물놀이를 즐기는 아이 한영수 | 1960년대

한강 백사장 수영장 모습 한영수 | 1960년대

한강 뚝섬 유원지에서 물놀이하는 아이들과 영동대교 1972년 | 임정의 기증

한강 뚝섬 유원지에서 물놀이하는 아이들과 영동대교 공사 모습
1972년 | 임정의 기증

뚝섬 백사장 황헌만 | 1978년

한강의 여름

백사장에서 강수욕

The Hangang River in summer: River bathing on white, sandy shores

1960년대까지만 해도 여름철 한강은 시민들이 가장 많이 찾는 대중적인 피서지였어요. 한강대교 인근 동부 이촌의 한강 백사장을 비롯하여, 뚝섬 유원지, 여의도, 광나루 등 한강 곳곳에 있던 백사장에서 수많은 사람들이 물놀이를 즐겼어요. 바닷가 해수욕장처럼 넓게 펼쳐진 백사장 위에서 모래찜질하고, 자동차 타이어 튜브를 타며 수영을 즐겼죠. 하지만 한강 백사장은 한강 개발과 함께 사라지게 돼요. 1960년대 한강의 정비와 개발은 홍수 범람으로 인한 피해를 막는 것과 강북 도심의 인구 과밀화 현상을 해결하기 위한 강남 개발을 이유로 시작되었어요. 제1차 한강개발사업[1968~1970] 때, 백사장의 모래를 메워 강변도로를 건설하였고, 강을 매립하여 백사장이 육지로, 그 육지 위에 아파트 단지가 들어서게 됐어요. 이후 제2차 한강종합개발사업[1982~1986]으로 남아 있던 백사장마저 모두 사라졌어요. 대신 한강의 수질은 개선되고, 휴식과 운동을 할 수 있는 시민공원이 만들어졌어요. 빛바래 가는 사진들이 옛 모습이 사라진 한강의 추억을 되살리고 있어요.

새서울도로·지번·개량 지구 약도

Map of Newly Planned Roads, Addresses, and Districts in Seoul

1968년 | 54.6×78.8 | 박경환 기증

당시 도시계획을 한눈에 볼 수 있는 지도로, 1966년 간행된 〈최신서울특별시지도〉를 개정하여 만들었다. 한강을 따라 한강, 뚝섬, 광나루 등의 백사장 유원지가 표기되어 있다. 한강개발사업이 있기 전의 한강은 강수량이 조절하는 자연 그대로의 굴곡대로 흘렀고, 상류로부터 흘러내려 온 퇴적물과 모래가 쌓여 백사장이 된 곳이 많았다. 여름이 되면 많은 사람들이 백사장 유원지로 모여 피서를 즐겼다. 한강 백사장은 많은 인파가 모여도 수용 가능할 정도로 넓어 각종 행사 장소로 쓰이기도 했다.

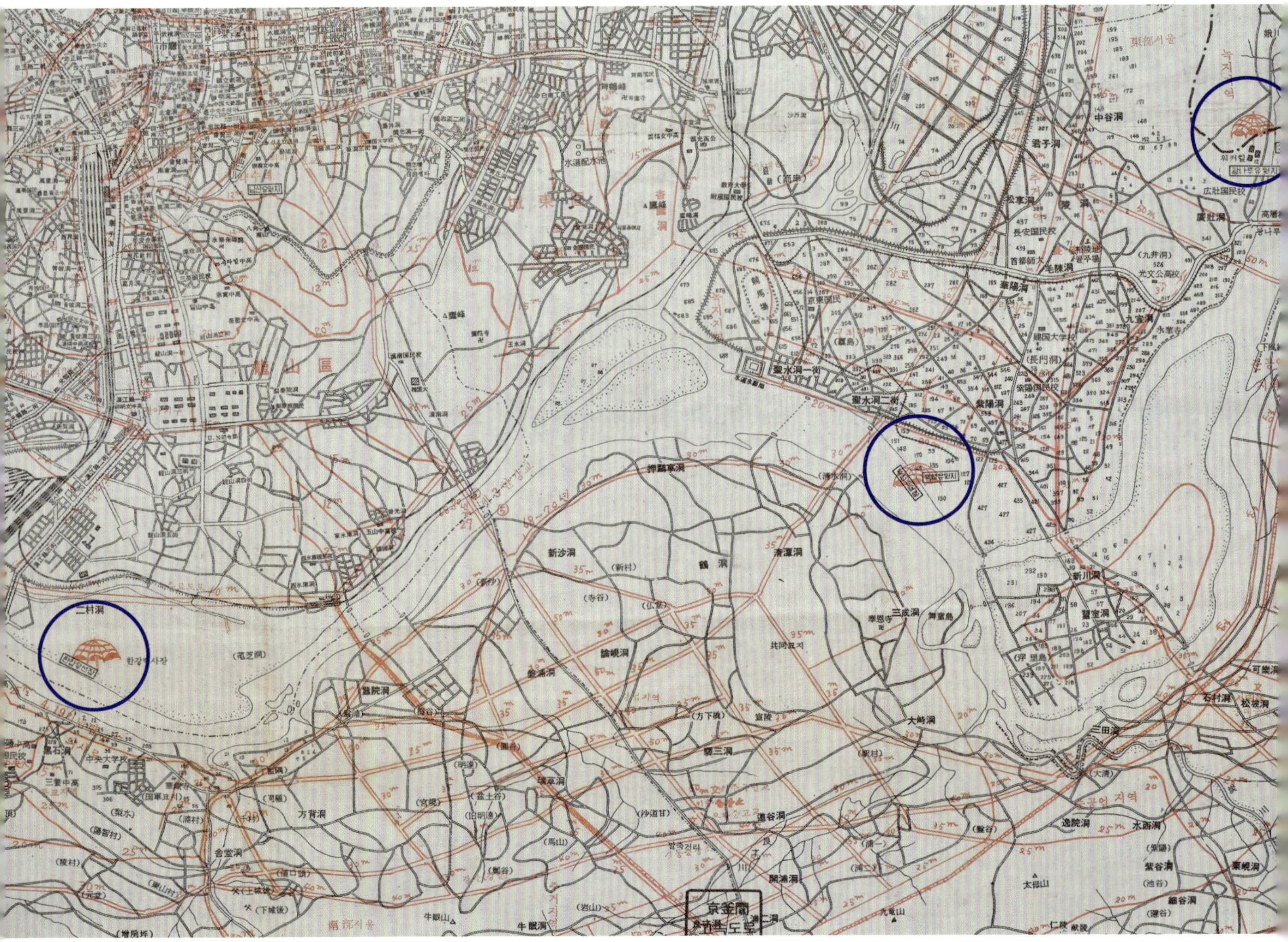

서울안내도

Seoul Guide Map

1969년 | 25×24

서울안내도로 앞면에는 서울의 주요 행정구와 장소, 산 등이 표시되어 있다. 건물, 대학교, 낚시터, 유원지 등을 간략한 그림으로 표시해두었다. 한강, 뚝섬 등의 유원지는 백사장과 파라솔 그림으로 표시되어 있다.

한강에서의 이승만 대통령 연설　한영수 | 1950년대

신익희 한강백사장 유세 1956년

사상 최대의 인파

20만 명의 청중 운집 민주당 '정견 발표회' 한강변서 대성황

서울에서는 두 번째로 민주당 정·부통령 입후보자 신익희·장면씨의 정견 발표회가 3일 2시 한강 모래사장에서 열리게 되자, 개회 시간 두 시간 앞서부터 시내 각처에서 모이기 시작하는 수많은 시민들로 모래사장을 꼬박 메워 청중 수 23~24만 명. 말 그대로 지상최대의 정견 발표회로 대성황을 이루었다.

≪동아일보≫, 1956년 5월 5일

시민에게 드리는 시정종합보고

A comprehensive report on municipal administration to citizens

1968년 | 25.5×19×0.2

김현옥 서울시장이 재직 당시 발간한 보고서로 한강 개발 계획 및 서울 지역 건설 사진 등이 담겨 있다.

LP 음반 – 한강 건설의 노래

LP Record, Improving Hangang River *Hangangeui Geonseol*

1970년대 | ① LP판 지름 17 ② 봉투 27.2×19.2 | 류동주 기증

한강 건설의 노래를 담은 음반이다. 봉투에는 '시민과 함께 알차게 전진하자' 문구와 노래 가사가 인쇄되어 있다.

①

②

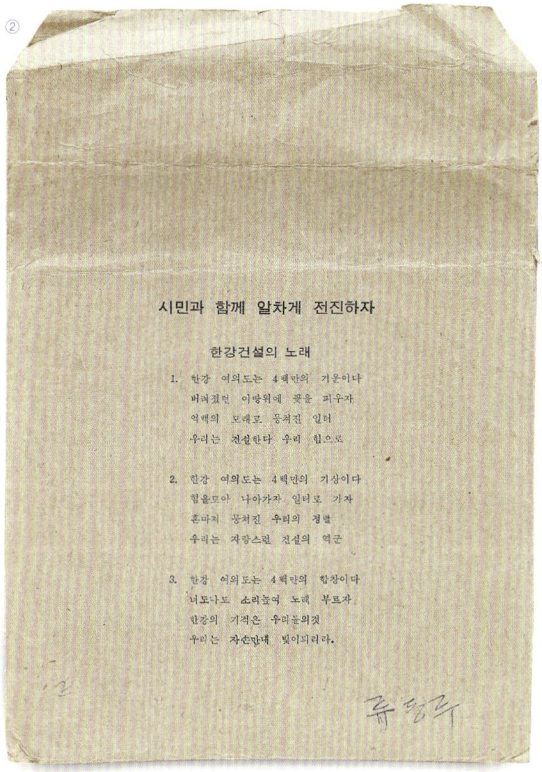

새마을화보 – 국토의 개발

Saemaul Undong[New Community Movement] Picture Book on National Territory Development

1980년 | 29.8×21×0.1 | 손화준 기증

새마을화보 - 국토의 개발 화보집으로, 1980년대의 한강종합개발계획에 대한 내용이 수록되어 있다.

한강종합개발 안내 홍보물

A Guide to the Comprehensive Development of the Hangang River

1982년 | 26.1×19.2

서울시에서 발행한 한강종합개발에 대한 안내 홍보물이다. 당시 한강의 현황, 저수로 정비, 강변도로 확장, 고수부지 조성, 하수처리장 건설 등의 개발 내용이 인쇄되어 있고, 착공 사진과 지도가 함께 수록되어 있다.

한강 홍보 안내문

Hangang River Pamphlet

1980년대 | 21.4×10.4

한강종합개발사업 실시 이후 여의도를 비롯해 새롭게 조성한 시민공원을 홍보하기 위해 서울시에서 발행한 안내문이다. 한강시민공원 교통안내, 수상 시설 이용 안내, 한강 수상 이용 안내, 시민공원 이용 안내 등에 대한 내용이 담겨 있다.

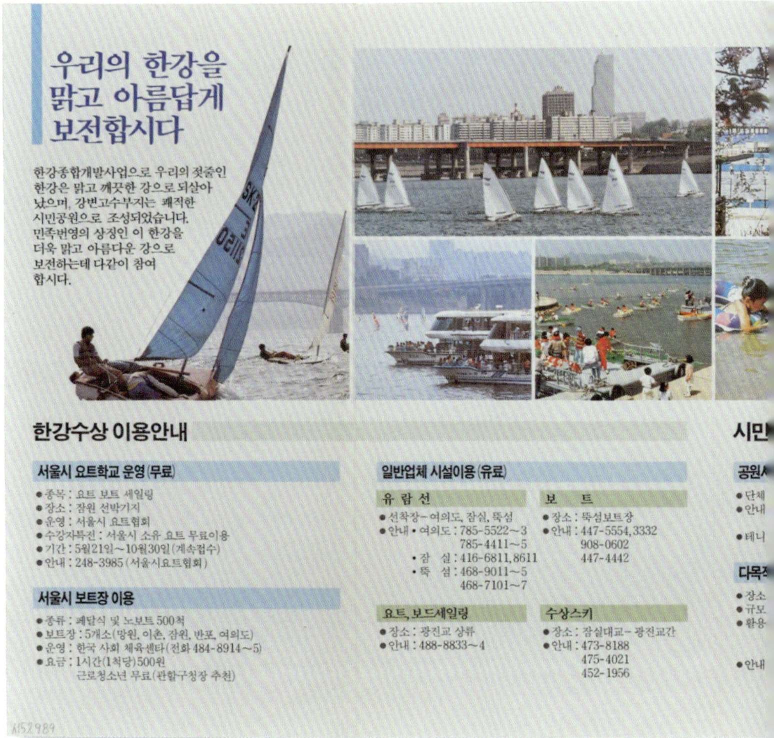

우리의 한강을 맑고 아름답게 보전합시다

한강종합개발사업으로 우리의 젖줄인 한강은 맑고 깨끗한 강으로 되살아 났으며, 강변고수부지는 쾌적한 시민공원으로 조성되었습니다. 민족번영의 상징인 이 한강을 더욱 맑고 아름다운 강으로 보전하는데 다같이 참여 합시다.

한강수상 이용안내

서울시 요트학교 운영(무료)

- 종목 : 요트 보트 세일링
- 장소 : 잠원 선박기지
- 운영 : 서울시 요트협회
- 수강자특전 : 서울시 소유 요트 무료이용
- 기간 : 5월21일~10월30일(계속접수)
- 안내 : 248-3985(서울시요트협회)

서울시 보트장 이용

- 종류 : 페달식 및 노보트 500척
- 보트장 : 5개소(망원, 이촌, 잠원, 반포, 여의도)
- 운영 : 한국 사회 체육센타(전화 484-8914~5)
- 요금 : 1시간(1척당)500원
  근로청소년 무료(관할구청장 추천)

일반업체 시설이용(유료)

유람선

- 선착장-여의도, 잠실, 뚝섬
- 안내 • 여의도 : 785-5522~3
  785-4411~5
  • 잠 실 : 416-6811, 8611
  • 뚝 섬 : 468-9011~5
  468-7101~7

보 트

- 장소 : 뚝섬보트장
- 안내 : 447-5554, 3332
  908-0602
  447-4442

요트, 보드세일링

- 장소 : 광진교 상류
- 안내 : 488-8833~4

수상스키

- 장소 : 잠실대교-광진교간
- 안내 : 473-8188
  475-4021
  452-1956

한강

Hangang River

1980년대 | 30.5×22

서울시에서 제작한 『한강』 책자이다. 한강종합개발의 배경과 동기, 준공, 한강의 옛 모습과 새로운 한강 변의 모습 등 한강종합개발에 대한 전반적인 내용이 담겨 있다.

성북구 연탄재 분리수거 안내

Notice about the Disposal of Coal Briquette Ashes in Seongbuk-gu

1982년 | 26.2×19

1982년 성북구청장의 이름으로 공지된 연탄재 분리수거 안내문이다. 한강종합개발공사의 성토용으로 사용하기 위해 연탄재 분리수거를 요청하는 내용이다. 당시 한강 공유수면을 매립하는데 필요한 모래가 부족하여 연탄재까지 수거하여 매립지에 사용하였다.

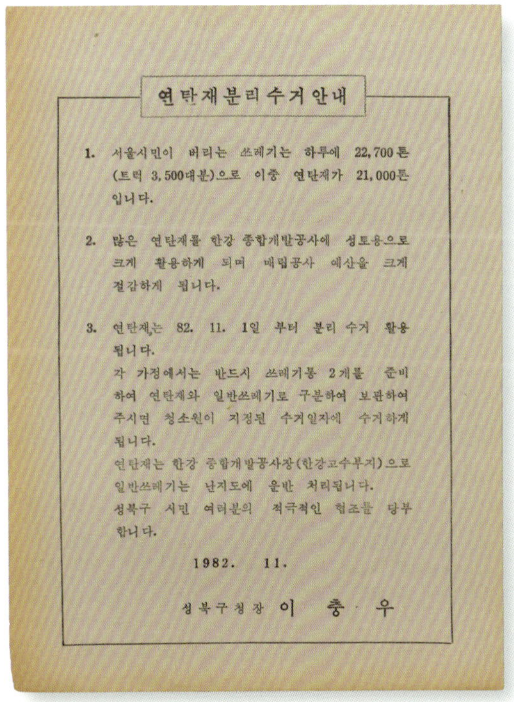

연탄재분리수거안내

1. 서울시민이 버리는 쓰레기는 하루에 22,700톤 (트럭 3,500대분)으로 이중 연탄재가 21,000톤 입니다.

2. 많은 연탄재를 한강 종합개발공사에 성토용으로 크게 활용하게 되며 매립공사 예산을 크게 절감하게 됩니다.

3. 연탄재는 82. 11. 1일 부터 분리 수거 활용 됩니다.
각 가정에서는 반드시 쓰레기통 2개를 준비하여 연탄재와 일반쓰레기로 구분하여 보관하여 주시면 청소원이 지정된 수거일자에 수거하게 됩니다.
연탄재는 한강 종합개발공사장(한강고수부지)으로 일반쓰레기는 난지도에 운반 처리됩니다.
성북구 시민 여러분의 적극적인 협조를 당부 합니다.

1982. 11.

성북구청장 이 충 우

5-2

썰매 타기

Sseolmae tagi sledding

1명 이상 | 야외 | 놀잇감 놀이

썰매 타기는 겨울철에 비탈진 눈길이나 얼음 위에서 썰매를 타고 즐기는 놀이예요. 썰매는 어린이가 앉을 만한 널판에 대나무나 쇠줄을 박아서 눈이나 얼음판 위에서 미끄러지게 만든 도구예요. 썰매를 탈 때는 양손에 송곳이 박힌 긴 막대를 쥐고 바닥을 찍어야 앞으로 나갈 수 있어요. 썰매는 ‘서르매’, ‘산서르매’, ‘설매’라 부르기도 하며, 한자어로는 ‘설마雪馬’, ‘설응雪鷹’이라 표기해요. 한자어의 설마와 설응은 눈 위를 말이나 매처럼 빠르게 달린다는 뜻을 지니고 있어요. 썰매 타기는 ‘썰매 치기’ 혹은 ‘얼음 치기’라고도 불러요.

썰매

Sled

1960~80년대 | 39×29.5×9.5 외 | 국립민속박물관 소장

겨울철 빙판 위에서 썰매 탈 때 사용했던 나무 썰매와 송곳이 박힌 막대이다.

탐구생활 3-2

Exploration Life 3-2

1989년 | 29.6×20.8×0.4

1989년에 발행한 제5차 교육과정기의 초등학교 3학년 겨울 방학 보조 교과서인 '탐구생활'이다. 이 책에 수록된 '썰매타기'에 대한 내용으로, 안전하고 재미있게 썰매를 타는 방법을 알려주고 있다.

썰매타기

날씨가 춥다고 집 안에서만 놀지 말고 밖에 나가서 썰매를 타 봅시다. 썰매를 타면 즐겁기도 하고 추위를 이길 수도 있습니다.

썰매를 탈 때, 다음과 같은 점에 주의하여 즐거운 시간이 되도록 합시다.

얼음이 깨지기 쉬운 곳에서는 썰매를 타지 맙시다.

혼자서 썰매

맙시다.

다치지 않게

옷이 젖었

갈아 입읍시

♧ 꼬챙이 잡는 방법을 달리하여 썰매를 타 봅시다.

꼬챙이 옆을 잡고 타 봅시다.

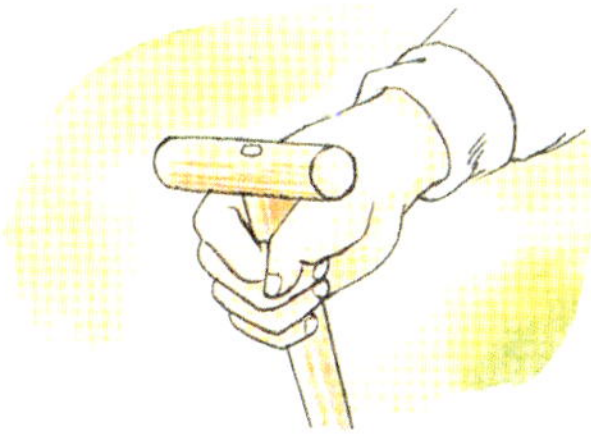

또, 꼬챙이 위를 잡고 타 봅시다. 이것은 빨리 가려고 할 때에 알맞습니다.

♧ 자세를 달리하여 썰매를 타 봅시다.

① 책상다리 자세

썰매 위에 책상다리를 하고 앉아서 타는 자세입니다. 가장 편안하고 쉬운 자세이기 때문에, 처음 타는 사람에게 알맞습니다.

② 꿇어앉은 자세

무릎을 꿇고 앉아서 타는 자세입니다.

③ 무릎 굽혀 앉은 자세

선 자세에서 무릎만 굽혀 앉아서 타는 자세입니다.

책상다리를 한 자세나 꿇어앉은 자세보다 빨리 갈 수 있습니다.

5-3

팽이치기

Paengichigi spinning tops

1명 이상 | 야외 | 놀잇감 놀이

팽이치기는 주로 겨울철 얼음판이나 땅 위에서 원뿔 모양의 나무 팽이를 채로 치거나 끈을 몸체에 감았다가 풀면서 돌리는 놀이예요. 팽이를 잘 돌리려면 팽이채를 적절하게 잘 쳐주어야 해요. 팽이를 손으로 돌린 다음 팽이채로 쳐서 계속 돌아가게 해요. 팽이치기는 혼자서도 즐길 수 있지만 여럿이 노는 경우에는 팽이가 넘어지지 않고 누가 더 오래 도는지로 승부를 겨뤄요.

팽이치기

미국 민요

채를 감아 던지면 꼿꼿하게 서서
뱅글뱅글 뱅글뱅글 잘도 도는 팽이
팽이하고 나하고 한나절을 놀고
팽이 따라 뱅글뱅글 나도 돌며 놀고

팽이를 돌리는 아이 정범태 | 1970년대

팽이

Top

2000년대 | ① 팽이 지름 6.2×높이 4.5 ② 팽이 끈 길이 173 | 손화준 기증

원반형 몸체에 축을 꽂은 회전 완구인 팽이로, 팽이 끈과 세트이다. 주로 끈을 팽이 몸통에 감았다가 끈을 풀면서 생기는 회전력으로 팽이를 돌린다.

팽이

Top

2000년대 | ① 팽이 지름 5.9 ② 팽이채 지름 1.1×길이 29.2 | 대한민국역사박물관 소장

팽이 및 팽이를 돌리는 데 사용한 채이다. 팽이는 둥글고 짧은 나무의 한쪽 끝을 뾰족하게 깎아서 심을 박아 만든 형태이다. 팽이를 돌리기 위해 막대기 상단에 구멍을 뚫어 매듭진 무명실을 연결하여 팽이채로 사용했다.

각종 팽이

Various Tops

1990~2000년대 | 지름 7 외

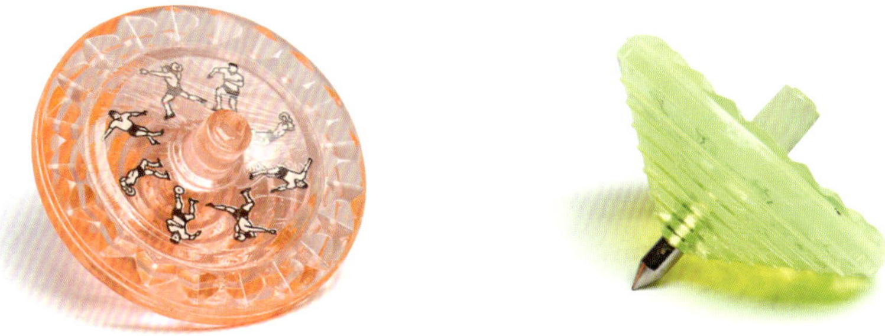

팽이치기 김한용 | 1950년대

국어 1-2

Korean 1-2

1964년 | 20.8×14.8×0.9

1964년에 발행된 제2차 교육과정기의 초등학교 1학년 국어 교과서이다. 교과서 내에 수록된 '12장. 팽이'에 대한 내용이다.

(팽 이)

냇물이 꽁꽁 얼었읍니다.

"내가 팽이를 칠 테니 나가 보아."

인수는 순이를 데리고 냇가로 갔읍니다.

순이는 장갑을 끼고 따라 나섰읍니다.

바둑이도 순이를 따라 나섰읍니다.

들에는 눈이 하얗게 쌓였읍니다.

96

팽이가 팽팽 돕니다.

꽁꽁 언 얼음 위에서, 팽이가 팽팽 돕니다.

인수는 팽이채로 팽이를 힘있게 칩니다.

순이도 팽이를 치고 싶었읍니다.

"오빠,

나도 좀 쳐 보아."

순이가 팽이채를 가지고 팽이를 칩니다.

팽이가 쓰러지려고 합니다.

순이가 다시 쳤읍니다.

99

팽팽 팽팽.

팽이가 팽팽 잘도 돕니다.

꽁꽁 언 얼음 위에서 팽이가 잘도 돕니다.

아버지가 집에 돌아오시다가 보셨읍니다.

"나도 좀 쳐 볼까."

아버지도 팽이채로 팽이를 치셨읍니다. 팽이는 윙윙 소리를 내면서 팽팽 잘도 돕니다.

아버지는 먼저 집으로 가셨읍니다.

100 101

"아이 추워!

오빠, 집으로 가."

순이가 말했읍니다.

"아이 더워! 더 치다 가자."

인수는 더 치고 싶었읍니다.

"싫어. 나는 갈 테야. 발이 시려."

순이는 발을 동동 굴렀읍니다.

"그래, 집으로 가자."

인수는 순이를 데리고 집으로 돌아왔읍니다.

102 103

음악 4

Music 4

1994년 | 25.7×18.8×0.4

1994년에 발행된 제6차 교육과정기의 초등학교 4학년 음악 교과서이다. 교과서 내에 수록된 '썰매'와 '팽이치기' 노래이다.

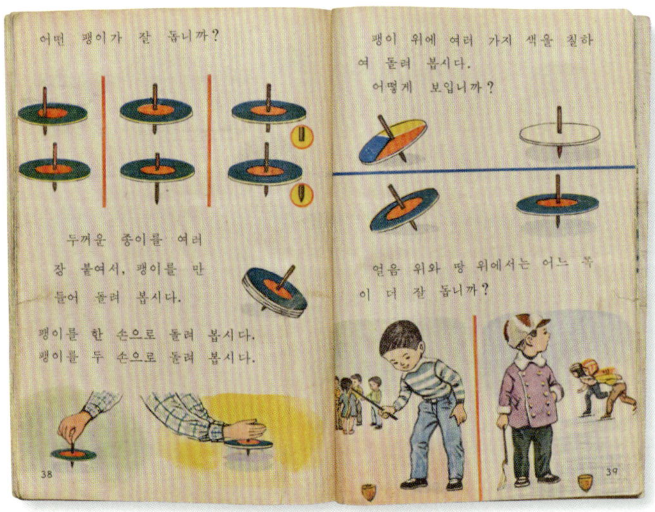

자연 1-2

Nature 1-2

1972년 | 20.9×14.7×0.4

1972년에 발행된 제2차 교육과정기의 초등학교 1학년 자연 교과서이다. 교과서 내에 수록된 '10장. 팽이놀이'에 대한 내용으로, 팽이를 직접 만들어 놀 수 있는 방법을 소개하고 있다.

썰매를 든 아이 한영수 | 1960년대

한강의 겨울

얼음 썰매와 스케이트 타기

The Hangang River in winter: Sledding and skating on ice

1980년대까지만 해도 겨울철 한강은 썰매와 스케이트를 즐기려는 시민들로 붐비던 겨울왕국이었어요. 아이들은 나무를 엮어 만든 썰매로, 어른들은 스케이트를 신고 얼음 위를 쌩쌩 달렸어요. 강 한복판에서 두꺼운 얼음을 뚫고 낚시대를 드리우는 강태공의 모습도 낯설지 않았어요. 하지만 지금은 눈썰매를 타는 아이들도, 겨울 낚시를 즐기는 어른들도 찾아보기 힘들어요. 겨울철이 되면 추운 건 똑같은데 왜 그때처럼 한강 물은 꽁꽁 얼지 않을까요?

우선 지구 온난화로 겨울 기온이 전반적으로 높아져 맹추위가 지속되는 날이 길지 않아요. 그리고 한강 개발 사업 중 물속의 흙이나 모래를 파내는 준설浚渫 작업으로 강의 수심이 깊어졌고, 지천을 잘 정비하여 유입되는 물이 많아졌기 때문에 추운 겨울철에도 물이 잘 얼지 않게 됐어요. 만약 한강에 얼음이 언다 해도 썰매를 탈 수 있을 만큼 두꺼운 얼음이 생기지 않고, 강 위를 다니는 유람선, 보트와 같은 배들도 많아져서 얼음을 그대로 둘 수 없다고 해요. 이제 한강 위에서 썰매와 스케이트는 탈 수 없지만, 더 다양해진 놀거리와 볼거리, 즐길거리로 새로운 한강 풍경이 만들어지고 있어요.

한강 스케이트장 한영수 | 1960년대

빙판에서 스케이트 타는 사람들 한영수 | 1960년대

한강의 스케이트 홍순태 | 1969년

얼음썰매　한영수 | 1960년대

Hangang River Playgrounds

한강 놀이터

썰매 타는 아이들 한영수 | 1960년대

얼음낚시 – 한강 정범태 | 1950년대

한강 강태공 임인식 | 1955년

"깊은江湖水등 어린이의 스케이트 나들이를 말리자"

暖冬氷板 溺死속출

요즘 이상고온으로 얼음이꺼져 개천이나 저수지등에서 썰매를타던 어린이들의 익사사고가 잦다.

셋떼죽음등 어제하루 五명

위험地域 巡察강화 警告板설치도 指示

警察

嚴冬 異變 예년이면 스케이트로붐빌 한강에 봄비같은 가랑비마저내린 12일 그물로 고기잡는꼬마들의 모습이 봄을 연상케한다.

깊은 강, 호수 등 어린이의 스케이트 나들이를 말리자

난동暖冬 빙판 익사 속출

열흘 이상 계속된 이상고온으로 일단 얼어붙었던 하천과 저수지의 얼음이 다시 녹는 바람에 얄팍한 얼음 위에서 스케이트나 썰매를 타고 놀던 어린이들이 얼음이 꺼져 익사하는 사고가 전국 각지에서 잇따라 일어나고 있다.

≪동아일보≫, 1972년 1월 12일

한강의 결빙 기간

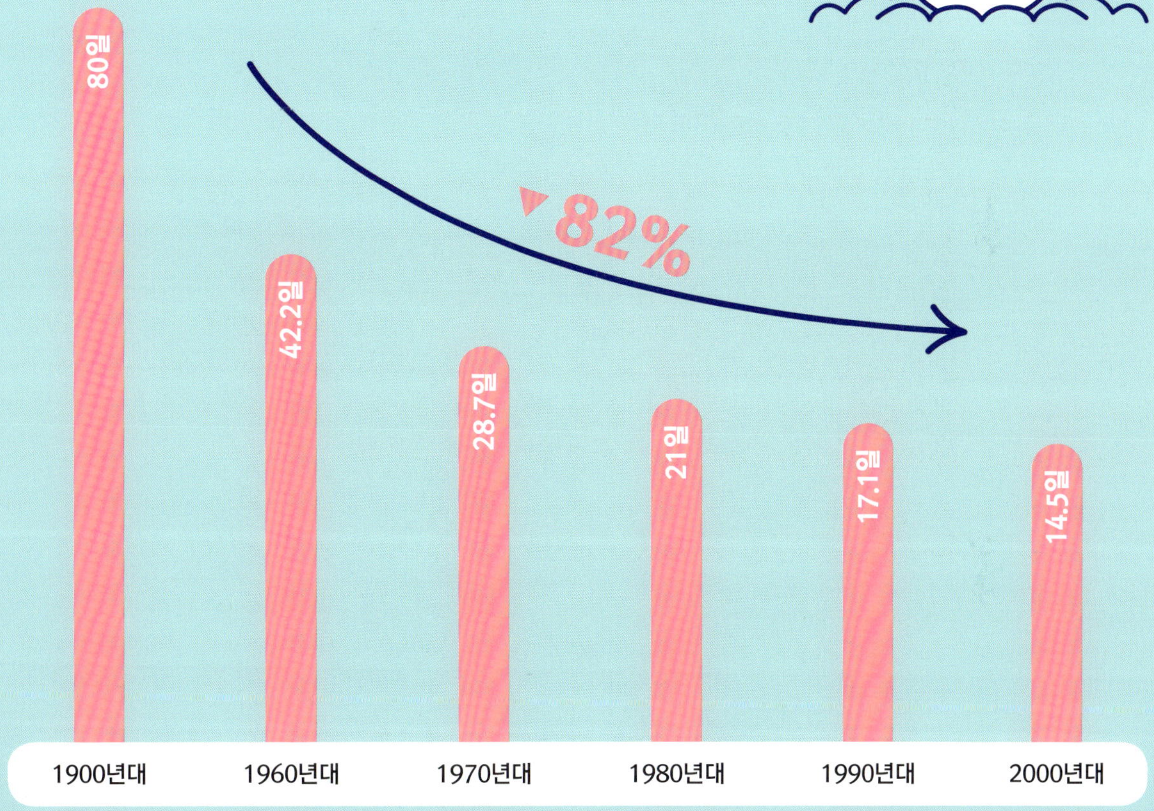

출처: '한강에서 썰매타기' 앞으로는 불가능하다, 《동아 사이언스》, 2020년 1월 3일

오늘날의 한강 시민공원

뚝섬 수영장 2000년대 | 서울시 한강사업본부

난지 캠핑장 2021년 | 서울시 한강사업본부

여의도 물빛무대 2000년대 | 서울시 한강사업본부

놀이광장에서의 신나는 놀이 체험 어떠셨나요?
친구들과 함께 놀면서 느낀 즐거움과 그 기억들은 쉽게 잊을 수 없을 거예요.
어린 시절 즐겨 했던 놀이는 세대별로 조금씩 다를지 몰라도 놀이하며 느꼈던 즐거움과 행복한 기억은 모든 세대가 같아요.
하지만 지금 어린이들은 놀 시간, 놀 장소, 놀 친구가 충분한가요? 온라인으로 공부도 하고, 게임도 하고, 친구들을 만나기도 하지만 또래 친구들을 직접 만나 이야기하고, 자유롭게 노는 어린이들은 많지 않아요. 어린이들이 건강하고, 행복하게 성장하기 위해서는 지금 이 시간을 어린이답게 충분히 누려야 해요.
놀이쉼터에서는 세대별 놀이와 관련한 추억 이야기를 공유하고, 지금 어린이들이 꿈꾸는 놀이 세계는 어떤 모습인지 서로 이야기 나눌 수 있어요.
세상의 모든 어린이들이 오늘 하루만큼은 마음껏 놀이를 즐기길 바라봅니다.

놀이 쉼터 02

PLAY SHELTER

游乐场休息区 | 遊びの休憩所

How was playing in the Game Plaza? Exciting, right? The joy and memories made while playing with friends are not easily forgotten. Childhood games may change slightly with each generation, but the joy and happy memories are the same for everyone. But do children today have enough time, space, and friends to play with? Nowadays, children use the internet to study, play games, and meet their friends; few are able to talk and play freely with their friends in person. At the Play Shelter, you can share different generations' stories and memories of play and imagine the world of play dreamed of by children today. At least for today, we hope all children in the world can enjoy playing to their heart's content!

兴高采烈地在游乐场玩了一圈，感觉怎么样？ 难以忘记和朋友们一起玩耍时感受到的快乐和回忆，对于一代一代人来说，小时候玩的游戏可能有所不同，而玩的过程中体会到的快乐和幸福的回忆却是相同的。不过，现在的孩子们有足够的时间、场所和朋友吗？他们虽然也能在线学习，玩电子游戏，和朋友见面，但是和同龄的孩子们面对面聊天，自由自在地玩耍的孩子并不多。在游乐场休息区，可以共享每一代人与游戏有关的回忆，互相交流现在孩子们梦想的游戏世界是什么样子的。
希望世界上所有的孩子今天一天都能尽情地享受游戏！

遊びの広場で楽しく遊びましたか？友だちと遊んだ楽しさと思い出は、簡単には忘れられないものです。遊び方は世代によって多少異なるかもしれませんが、遊ぶことの楽しさと幸せな思い出は世代を超えて共有されます。しかし、今の子どもたちには、遊ぶ時間、遊ぶ場所、遊ぶ友だちが十分あるのでしょうか？オンライン上で学習したり、ゲームしたり、友だちに会うことはあっても、実際に同い年の友だちと顔を突き合わせておしゃべりしたり、自由に遊んだりできる子どもは多くありません。遊びの休憩所では、世代ごとの遊びと、それに関連した思い出を共有し、今の子どもたちが憧れる遊びの世界がどのような姿をしているのか、互いに話し合うことができます。
世界のすべての子どもたちが、今日一日は心ゆくまで楽しく遊べますように！

Let's Play Together
우리 같이 놀자
미끄럼틀 타기

1

The Games We Remember

내가 기억하는 놀이

어린 시절 친구 혹은 가족들과 함께 즐겼던 놀이를 떠올려 보세요. 놀이하며 느꼈던 즐거움과 행복한 기억은 모두 같아요. 어린 시절 우리는 직접 만든 놀이 세계 안에서 놀면서 삶의 지혜와 세상의 규칙들을 스스로 깨우치고 배웠어요. 그것은 어른이 되어서도 열심히 살아 갈 수 있는 힘으로 남아 있어요. 놀이 속에는 지나간 어린 시절이 있고, 그동안 잊고 있던 고향도 있어요.

세대별 놀이에 관한 추억 이야기를 통해 놀이문화가 어떻게 지속되어 왔는지 혹은 어떻게 변화되었는지 알 수 있어요. 놀이에 관한 서울사람들의 어린 시절 기억을 공유해요. 어떤 이야기가 있는지 들어볼까요?

Think of the games you enjoyed with friends or family as a child. The joy and happy memories are all the same. As children, we learned the rules of the world and gained the wisdom we needed while having fun in the worlds of play we made for ourselves. As adults, these lessons stay with us and give us the power to lead good lives. Within "play," we find both our past childhoods and the "home" about which we may have forgotten until now. Looking at different generations' stories and memories of play, we can see how play culture has remained and evolved. Here, we share Seoulites' childhood memories. Let's listen to their stories!

세대별 놀이 기억

Q 어린 시절 가장 즐겨 했던 놀이는 무엇인가요?

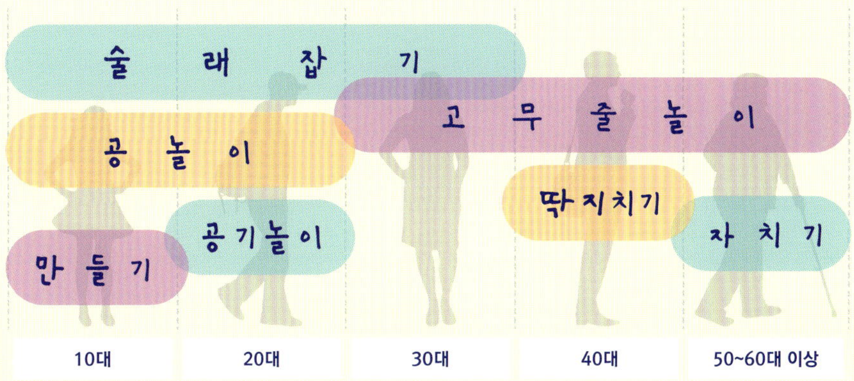

Q 주로 어디에서 놀았나요?

Q 주로 누구와 함께 놀이를 즐기나요?

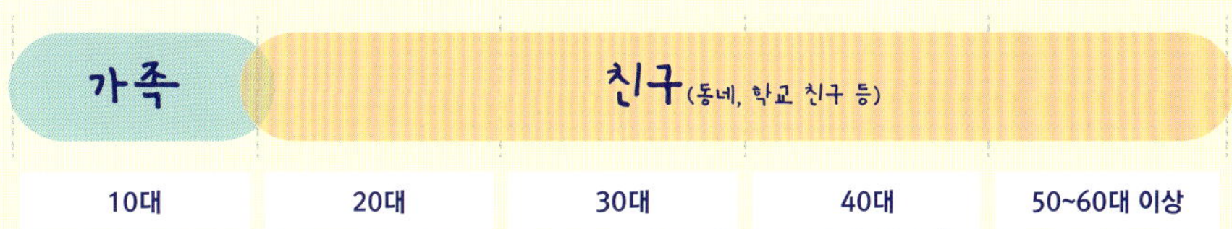

〈세대별 놀이 기억〉에 관련한 설문조사의 결과 분석.
설문기간: 2021. 11. 6.(토) ~ 2022. 2. 27.(일) | 참여자수: 박물관 관람객 총 220명
연령분석: 10대 69명(31%) 20대 33명(15%) 30대 40명(18%) 40대 63명(29%) 50대 5명(2%) 60대 이상 10명(5%)

세대별 놀이기억

"서울 뚝섬유원지에서 수영하기,
광화문으로 놀러 가기, 인왕산 오르내리기를 좋아했어요.
놀이는 너무 재미있어서 저녁 어스름해져도 집에 가기 싫은 것 같아요."

- 1957년생 왕○옥 님 -

"사촌오빠들과 뒷산에 올라가 '연 끊어먹기' 하며
놀았던 기억이 많이 나요.
연줄이 잘 끊어지지 않게 풀을 입혀 튼튼하게 만들었어요.
그래서 우리 팀이 자주 이겼죠."

- 1959년생 조○자 님 -

"방학이 되면 영화관에 가서 만화영화를 즐겨 봤어요.
<태권브이>, <짱가> 등의 영화였어요. 영화를 보고 나면 친구들과
만화 주인공들을 흉내 내고, 주제곡을 따라 부르며 놀았죠."

- 1971년생 서○원 님 -

"동네 골목이나 뒷동산에서 겨울에는 포대 자루 깔고
썰매 타며 놀았고, 여름에는 물풍선이나 모나미 볼펜 뚜껑 물총놀이를 했어요.
놀면서 몸도 마음도 사회성도 함께 성장하는 것 같아요."

- 1983년생 조○석 님 -

"아파트 단지 내 주차장에서 고무줄놀이하고, 롤러브레이드 타며 놀았어요.
아파트 복도에서는 친구들과 술래잡기하거나,
돗자리를 깔고 앉아 인형놀이 하며 놀았어요.
당시 우리 동네의 대표 놀이 장소는 태릉, 태릉 스케이트장, 드림랜드였어요."

- 1984년생 이○아 님 -

"아파트마다 놀이터가 다른데, 놀이터의 특징에 따라
탈출놀이, 좀비 게임, 서바이벌 게임, 경찰과 도둑,
얼음땡 등의 놀이를 번갈아 가며 즐겼어요.
공부 빼고 재미있으면 다 놀이인 것 같아요."

- 1998년생 이○훈 님 -

"시공간에 제한이 없는 아바타 스티커 꾸미기 놀이와
다양한 스티커를 수집하고 친구들과 교환하며 놀았어요.
친구들과 문구점에 스티커를 같이 사러 가는 것도
놀이의 연장이었어요."

- 1998년생 박○성 님 -

경 제56회 어린이날 및 어린이대공원 개원 제5주년기념 축
임시 매표소
TAXI

어린이대공원 입장권 및 엽서

Admission Ticket and Postcard from Seoul Children's Grand Park

1981년 | 9.3×19.2

어린이대공원의 어린이용 입장권으로, 사용 후 엽서로도 이용할 수 있다. 어린이대공원은 서울 광진구에 있는 시립공원으로, 1973년 5월 5일 어린이날에 맞춰 개장했다. 롯데월드가 생기기 전까지는 서울에서 가장 큰 규모의 어린이 테마공원이었다.

어린이대공원 입구 전경 1978년 | 국가기록원

서울대공원 개원 기념품

Souvenir Commemorating the Opening of Seoul Grand Park

1984년 | 지름 9×높이 2.4 | 김환석 기증

1984년 경기도 과천의 서울대공원 개장을 기념한 기념품이다. 서울대공원은 창경원의 유원지를 대체할 목적으로 만들어졌다. 일제에 의해 이름이 바뀐 창경원을 철거한 뒤 창경궁으로 다시 복원하고, 창경원 시설 중 동물원과 식물원을 과천시로 이전하여 서울대공원을 만들었다. 1984년 5월에 동물원 개장, 다음 해 5월에 식물원이 개장했다.

서울랜드 개원 기념패

Plaque Commemorating the Opening of Seoul Land

1988년 | 지름 26.2×높이 3 | 김환석 기증

1988년 개장한 서울랜드의 개원 기념패이다. 서울랜드는 경기도 과천 서울대공원 내에 있는 테마파크이다. 각 테마별 공간에서 다양한 놀이시설을 탈 수 있고, 계절마다 축제가 열려 가족들이 많이 찾는 놀이공원이다.

만화영화 〈로보트 태권브이〉 음반

Robot Taekwon V Soundtrack Album

1977년 | ① 케이스 30.7×30.4 ② LP판 지름 30

〈로보트 태권브이〉는 1976년 김청기 감독, 지상학 각본의 만화영화 작품이다. 개봉과 동시에 서울에서만 20만 명의 관객이 관람하는 등 흥행에 성공하여 속편도 제작되었다. 만화영화의 인기가 높아, 대한민국 최초로 만화영화 OST[Original Sound Track] 음반도 발매되었다. 그 당시 어린이들은 〈로보트 태권브이〉의 만화영화 주제가를 따라 부르며 주인공을 비롯한 등장인물들을 흉내 내며 놀았다.

①

②

골목대장 1집 벤지 타이거 마스크 음반

Benji and Tiger Mask, the First LP by the Alley King

1973년 | ① 케이스 31.8×31.3 ② LP판 지름 30

①

②

어린이대공원 1973년 | 국가기록원

어린이대공원 개원식 1973년 | 국가기록원

놀이동산
출입금지

어린이대공원에서 사슴을 보는 일가족 1978년 | 국가기록원

윷

Yut

1940년대 | 각 16×2 | 서진원 소장

소장자의 할아버지에게 물려받은 윷이다. 명절 등 가족이 다 같이 모이는 자리에서 함께 윷놀이를 즐겼다.

학종이

Paper for Folding Cranes

1990년대 | 7.7×7.7×3.7

종이학 접기를 위해 작은 규격으로 제작된 색종이다. 이름 그대로 학을 접을 때 많이 사용했지만, 1990~2000년대 어린이들은 학종이로 학종이 따먹기 놀이를 즐겨 했다. 반듯하게 쌓아 올린 학종이를 여러 명이 돌아가며 넘기는 놀이인데, 가장 많이 넘긴 사람이 학종이를 모두 갖거나, 넘긴 수 만큼의 학종이를 가져간다.

폴리포켓 장난감

Polly Pocket Toy

1990년대 | ① 11×9.5×4.5 ② 10×9×3 | 이민아 소장

소장자가 어린 시절 친구들과 역할놀이를 할 때 가지고 놀던 것으로, 1990년대 유행했던 장난감이다. 주머니만큼 작은 크기의 집 안에 손가락 한 마디 크기의 플라스틱 사람 인형들로 구성되어 있다. 폴리포켓 장난감은 집뿐만 아니라 미용실, 학교, 쇼핑몰 등 동네 곳곳의 장소를 보여주는 다양한 시리즈들이 출시되었다.

①

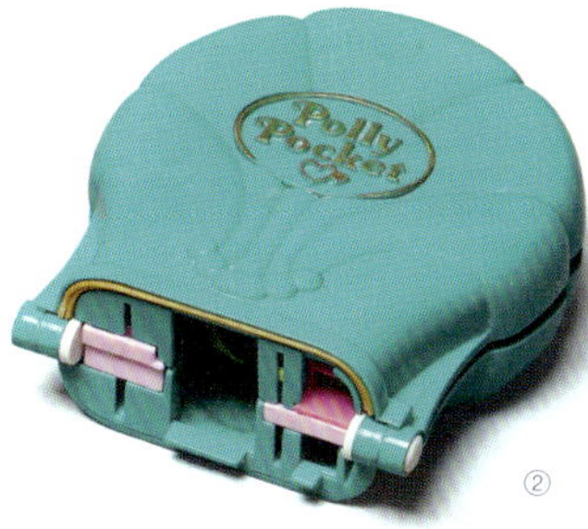

②

닌텐도 DS 게임기

Nintendo DS Game Console

2000년대 | 7×13×2.5 | 이시훈 소장

소장자가 초등학교 때 사용했던 닌텐도 DS 게임기이다. 소장자가 초등학교 저학년 때는 친구들과 함께 할 수 있는 딱지치기, 공기놀이, 학종이 따먹기 등의 놀이를 많이 했는데, 닌텐도 게임기가 보급된 3~4학년 이후부터는 게임기로 각자 놀이를 즐기는 시간이 많아졌다고 한다.

일기장

Diary

1993년 | 25×17.5 | 이민아 소장

개인이 소장하고 있는 초등학교 때의 일기장으로, 1990년대 즐겨 했던 놀이와 서울풍경에 대해 알 수 있다.

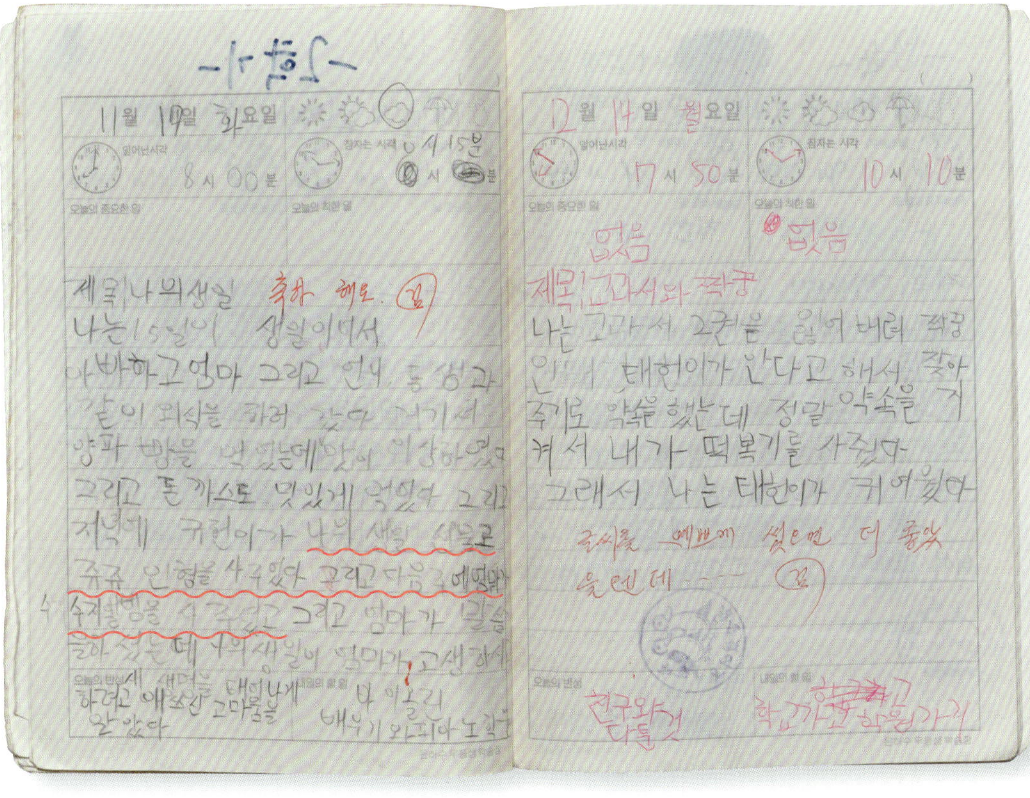

〈꿈의 친구 수지〉 스티커 앨범 제2편

Dream Friend Suji Sticker Book No. 2

1993년 | 26×23 | 이민아 소장

소장자가 초등학교 3학년 생일선물로 받았던 것으로, 1990년대 여자아이들에게 인기 있었던 스티커 모음집이다. 앨범 안에는 스티커를 붙일 수 있는 공간과 주인공 수지가 대모험을 떠나는 이야기가 함께 있다. 번호에 맞는 스티커를 모두 모아야 앨범을 완성할 수 있는데, 스티커는 서점이나 문구사에서 별도로 구입해야 했다.

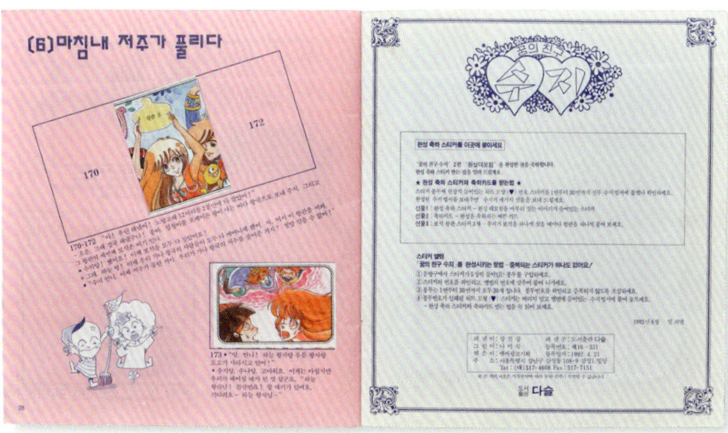

2

We Have a Right to Play

우리에겐 놀 권리가 있어요

"사라지는 것은 빙하와 북극곰만이 아니다. 놀이도 사라지고, 아이도 사라지고 있다."

– 편해문

"만약 아이들이 병들었다면 그것은 아이들이 마음껏 놀지 못한 것에 대한 복수다."

– 에리히 프롬

우리나라 어린이들의 삶은 과거에 비해 물질적으로는 풍족해졌으나, 삶의 만족도는 떨어졌어요. 코로나 팬데믹의 장기화 속에서 어린이들의 삶과 권리는 더 지켜지지 못하고 있어요. 특히 어린이들의 '놀 권리'가 가장 많이 침해받고 있어요. 어린이들의 '놀 권리'는 시대와 문화를 넘어 모든 어린이에게 동등하게 부여된 보편적인 권리예요. 서울시*를 비롯한 각 지자체와 국가 나아가 전 세계에서는 헌장과 조례 등을 통해 어린이들의 '놀 권리'를 인정하고 지켜나가고 있어요.
어린이는 바로 국가에서 인정한 '노는 사람'이에요!

* 서울특별시 아동의 놀이권 보장을 위한 조례(서울특별시 조례 제7824호, 2021.1.7. 신설)

Today, Korean children live more materially privileged lives than in the past, but their satisfaction with life has dropped. Children's lives and rights have taken a hit amid the prolonged COVID-19 pandemic, which particularly affects their "right to play." The "right to play" is universally and equally granted to children from all times and cultures. National and local governments around the world, including that of Seoul, recognize and protect children's "right to play" through various charters and ordinances.
Children are the only people whose right to play is recognized by the state!

국민소득

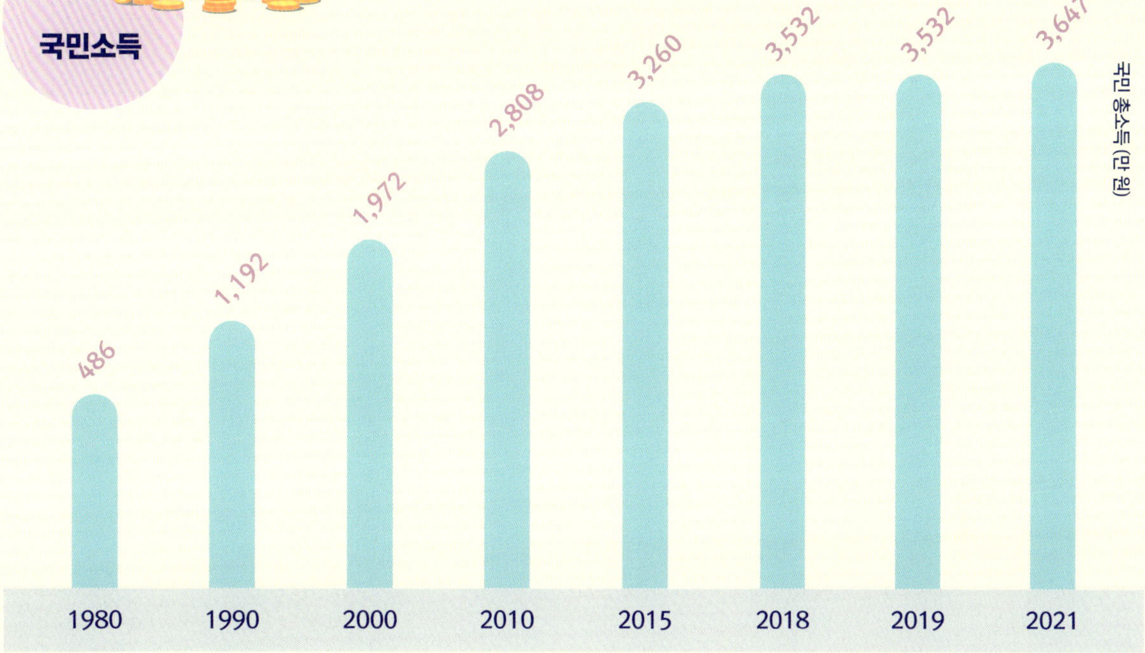

출처: 한국은행,「국민 계정」, 통계청,「장래인구추계」

어린이 삶의 만족도 | 2021년

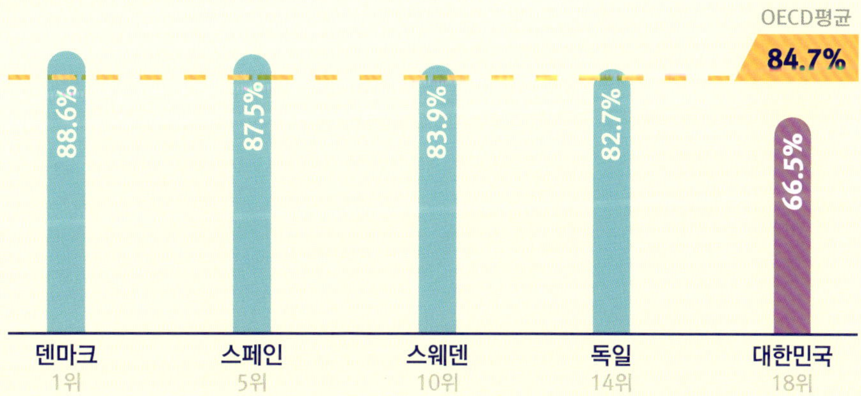

대한민국이 66.5%로 삶의 만족도 최하위 국가

* OECD 국가 중 수치가 없는 국가는 제외함.

출처: 연세대학교 사회발전연구소, 2021, 〈한국 어린이·청소년 행복지수 – 국제비교연구조사결과보고서〉

코로나19와 어린이의 삶

어린이의 행복감 변화(점)

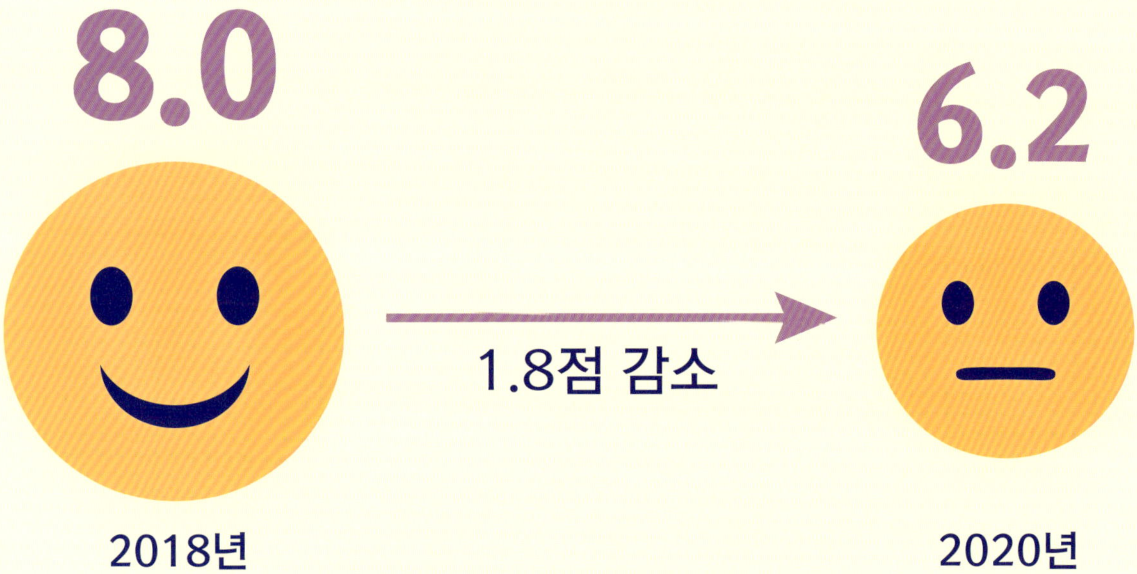

출처: 굿네이버스, 2020, 〈2020 코로나19와 아동의 삶 아동 재난 대응 실태조사 I〉

코로나로 인해 가장 침해된 어린이의 권리(%)

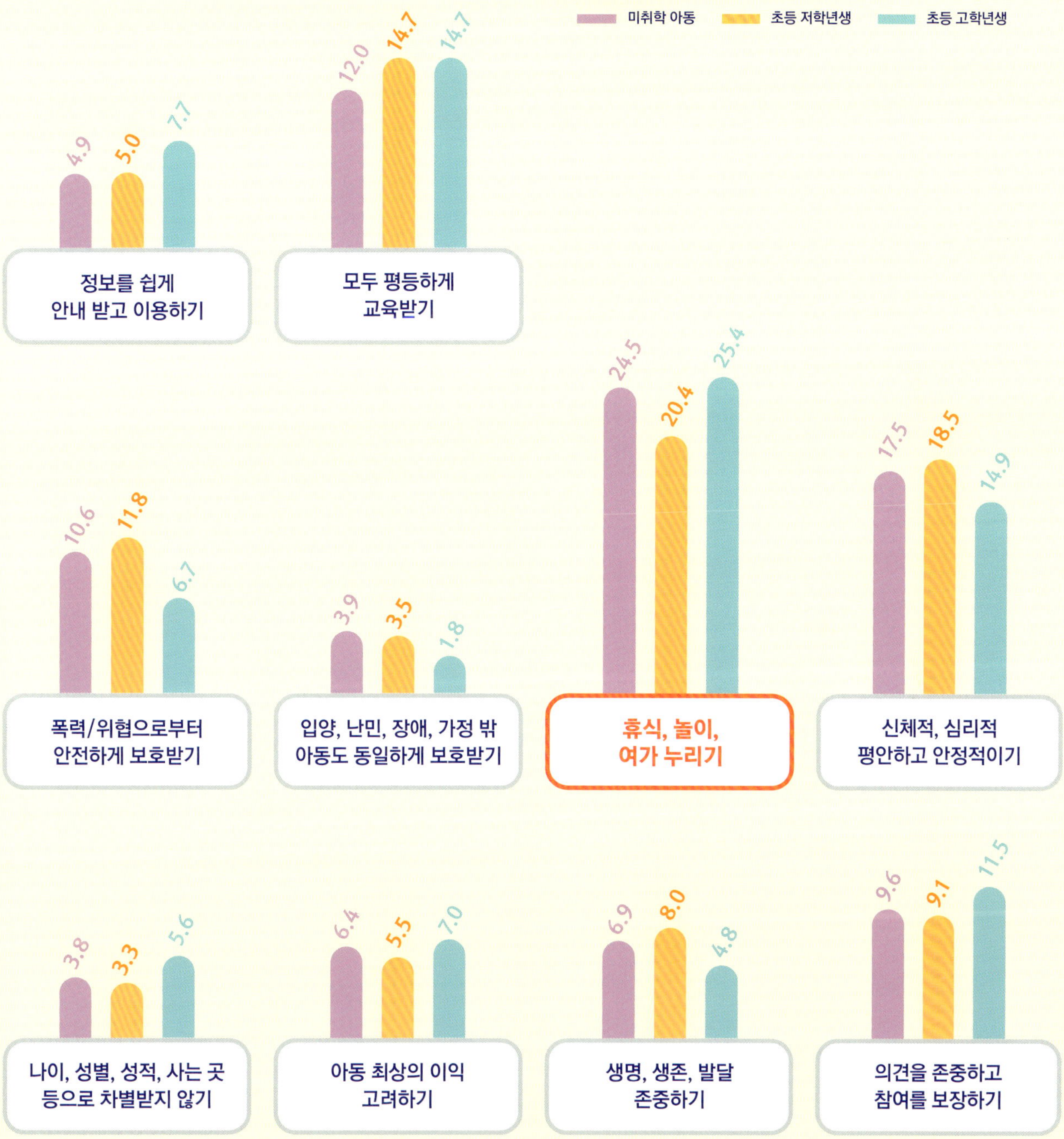

출처: 굿네이버스, 2020, 〈2020 코로나19와 아동의 삶 아동 재난 대응 실태조사 I〉

어린이들의 놀 권리가 지켜지지 않는 이유는 무엇일까요?

놀 권리가 지켜지지 않는 가장 큰 이유는 바로 '과도한 학구열'[50.8%]과 '놀면 안 된다는 사회적인 분위기'[34.6%]예요. 오히려 충분하지 않은 '놀이문화 교육'[3.0%]이나 '놀이시설 또는 환경'[4.4%]은 낮은 편이에요.

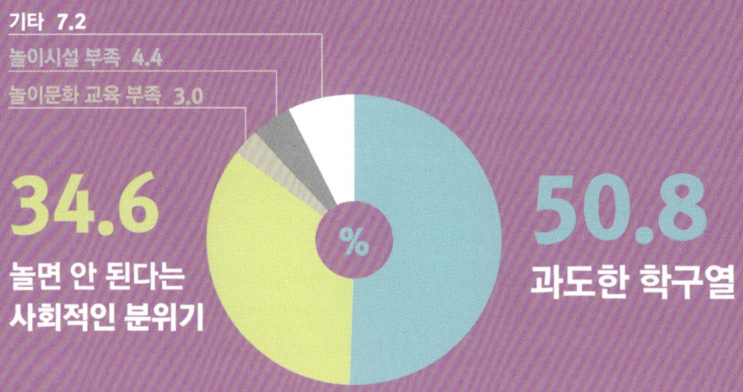

"시험기간에 공부도 해야 하고 수행평가도 하면서
성적 관리도 해야 하고 학원도 다니다 보니
그럴 시간[여가시간]은 많지 않다."

"주위 모든 사람들은 일 혹은 공부를 하는데
자기만 놀면 뒤처지니까"

"부모님께서 성적에 집착하시고,
성적이 우수해야 좋은 대학에 갈 수 있다는 부담감 때문에
놀 권리가 지켜지지 않는다."

출처: 초록우산 어린이재단, 2018, 〈5, 6차 유엔아동권리협약 이행 아동보고서〉

“모든 학교는 놀이터를 갖추어 모든 아동이 방과 후에 놀 수 있는 놀이터를 제공해야 한다.”

– 세계아동헌장 1922 제25조

“어린이들이 서로 모여 즐겁게 놀만한 놀이터와 기관 같은 것을 지어주시오.”

– 소파 방정환, 〈어린이날 선언문〉 1923.5.1.

“모든 아동은 적절한 휴식과 여가 생활을 즐기며, 문화 예술 활동에 참여할 권리를 가진다.”

– 유엔아동권리협약 1989 제31조 여가와 놀이

어린이들이 맘껏 뛰어놀고
걱정 없이 자라도록
어린이들의 놀 권리를 있는
그대로 인정해주면 어떨까요?

3

Let's Play Together

우리 같이 놀자

지금 여러분이 꿈꾸는 놀이터는 어떤 모습인가요?
그 놀이터에서 친구와 함께 하고 싶은 놀이는 무엇인지 이야기해봐요.

What does your dream playground look like?
Discuss a game you'd like to play with your friends on that playground.

재미없는 놀이는 일이고, 재미있는 일은 놀이입니다!

– 권터 벨치히, 『놀이터 생각』

놀이는 어린이들의 삶이고, 권리이며, 특권입니다.

– 전국재, 『우리나라의 민속·골목놀이 161』

놀

웃으며 뛰어노는 것

행복해지는 시간

아이들이 품고 있는 씨앗은 '놀이'라는
햇살과 빗줄기 아래 놓일 때,
비로소 싹이 트고 꽃이 피고 튼실한 제 나름의 열매를 맺는다.

– 편해문, 『아이들은 놀이가 밥이다』

재미있게 할 수 있는 것
그리고 재미를 위한 것

그 어떠한 잡념도 없이
천진난만하게 웃으며 즐길 수 있는 행위

박물관을 찾아주신
관람객들이 생각하는
놀이의 의미

행복! 또 하고 싶은 것

누군가 가르쳐주지 않아도
친구들과 자연스럽게 어울리며
함께 시간을 보낼 수 있는 것

이

즐겁게 뛰어노는 것,
친구들이 항상 함께 했음!

여러 사람이 어울려 규칙을
정하며 노는 재미나는 일

주변 사람들과 유대관계를 쌓으며
시간을 보내는 것

공부 외에 모든 것

아무 걱정하지 않고
편하게 자기가 좋아하는 것을 하는 것

Let's Play Together

우리 같이 놀자

E S

논고

SAY

서울 놀이 공간의 변화와 놀이 문화

김향금 그림책 작가 | 역사 지리 전문 작가

그래도 어린이는 논다

저녁 산책을 나가는 길이었다.

길 건너 아파트 골목을 지나는데, 조잘조잘 떠드는 소리가 들린다. 땅거미 지는 어둑어둑한 무렵인데, 놀이터에서 어린이들이 신나게 놀고 있다. 미끄럼틀을 거꾸로 올라가기도 하고, 구름사다리를 오르락내리락한다. 물론 마스크를 쓴 채로다.

그 모습을 보면서, 마음이 짠하면서도 한 문장이 떠올랐다.

'그래도 아이들은 논다.'

코로나19로 전 세계가 고통받는 와중에서 어쩌면 가장 큰 피해자가 어린이들일 것이다. 학교에 가지 못하고, 친구들과 놀지 못하니. 마스크는 얼마나 답답할까.

그럼에도 불구하고, 어떤 상황에 처해 있어도 어린이들은 노래하고 춤추고 그림을 그리고 떠들고 뛰어논다. 놀지 않을 때는 아이가 아픈지 살펴봐야 한다.

어린이에게 '놀기'는 아무래도 본능 같다. 김소영은 『어린이라는 세계』에서 다음과 같이 말한다.

"어른들의 어린 시절과 환경이 많이 달라지긴 했어도 어린이들이 놀고 싶어 한다는 사실에는 변함이 없다. ***어떻게든*** *시간을 만들어 내고 친구를 불러내고 일을 만들어 내면서, 어린이들은 논다."*

이 글은 개략적으로 1950년대부터 1990년대까지 그중에서도 1970년대를 중심으로 서울 어린이의 놀이 공간의 변화와 놀이 문화에 관한 길지 않은 글이다. 직접 기획하고 집필한 『그림책으로 만나는 지리 이야기』 시리즈 중 「우리 가족이 살아온 동네 이야기」를 집필하면서 답사한 장소와 그때 찾은 자료가 토대가 되었다. 이 그림책은 3대에 걸친 거주 공간의 변화와 각 세대별로 세 명의 아홉 살 아이가 사는 공간과 놀이 문화에 대한 탐색이었다. 아울러 1970년대에 서울에서 어린 시절을 보낸 나와 우리 가족의 경험과 기억을 곁들여, 형식에 구애받지 않고 자유롭게 서술할 것이다.

주거 공간과 놀이 공간의 급격한 변화

주지하다시피, 우리나라는 1960년대부터 시작한 산업화 과정에서 급격한 사회 변동을 겪었다. 그 가운데서도 도시, 특히 서울로 인구가 몰리는 '도시화' 추세는 격변이라고 할 수 있을 정도였다. 1960년 39.15%였던 도시화율은 30년 만에 두 배 이상 오른 1990년 81.95%를 기록한다. 2005년 90.12%이래, 우리나라 인구 **10명 중 아홉 명**이 도시에 산다. 전 세계 인구 중 도시에 사는 비율은 약 54%이다.
급격하게 치솟은 도시화율은 주거 공간의 변화를 세계에서 유례를 찾아보기 힘들 정도로 단기간에, 집약적으로 이루어냈다.

도시지역 인구 비율 추이(%)

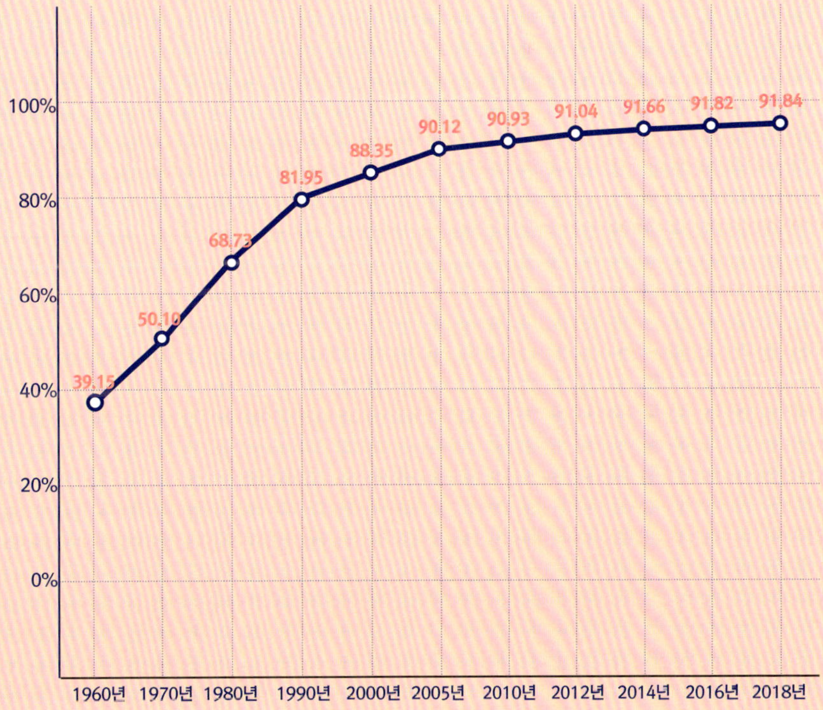

《동아일보》, 2019년 6월 24일 기사 인용

연도별 가구의 거처 종류 (2000T~2019R) 단위: 천 가구, %, %p

거처 종류	2000년T	2005년T	2010년T	2015년R	2016년R	2017년R	2018년R (A)	2019년R (A)	증감 (B-A)
일반 가구	14,312 (100.0)	15,887 (100.0)	17,339 (100.0)	19,111 (100.0)	19,368 (100.0)	19,674 (100.0)	19,979 (100.0)	20,343 (100.0)	364 -
단독 주택	7,103 (49.6)	7,064 (44.5)	6,860 (39.6)	6,739 (35.3)	6,640 (34.3)	6,549 (33.3)	6,415 (32.1)	6,312 (31.0)	-104 (-1.1)
아파트	5,238 (36.6)	6,629 (41.7)	8,169 (47.1)	9,197 (48.1)	9,422 (48.6)	9,671 (49.2)	10,013 (50.1)	10,405 (51.1)	393 (1.0)
연립/ 다세대	1,294 (9.0)	1,695 (10.7)	1,744 (10.1)	2,133 (11.2)	2,219 (11.5)	2,269 (11.5)	2,312 (11.6)	2,339 (11.5)	27 (-0.1)
비거주용 건물 내 주택	593 (4.1)	282 (1.8)	212 (1.2)	328 (1.7)	316 (1.6)	327 (1.7)	319 (1.6)	318 (1.6)	-1 (-0.0)
주택이외 거처	84 (0.6)	217 (1.4)	354 (2.0)	714 (3.7)	770 (4.0)	858 (4.4)	920 (4.6)	969 (4.8)	49 (0.2)

《아파트관리신문》, 2020년 9월 8일 재인용

국토교통부 '2020년 주거 실태 조사' 결과에 따르면 위의 도표에서 보는 바와 같이 2019년 우리나라 전체 가구 중 아파트 거주 비율이 51.1%이다. 연립 주택이나 다세대 주택 등의 공동 주택 수를 합하면 약 1,400만 호로 전체 주택의 77.2%를 차지한다.[01] 최초로 우리 국민의 절반 이상, 천만 가구가 아파트에 살게 된 것이다. 아파트에 대한 우리 국민의 특별한 선호와 맞물려 '아파트 공화국'이라는 별명이 붙었다.

지난 30년간, 서울은 이런 도시화, 아파트 집중 현상을 드라마틱하게 보여준다. 1970년대 서울은 80% 이상이 단독주택이고, 아파트는 약 4~8%였던 것이, 1980년대 강남 개발이 시작되고, 아파트가 급증하면서 2018년 현재 45.6%를 차지한다. 단독주택 가구 수는 30.2%, 연립 주택이나 다세대 주택 가구는 23.4%이다.[02]

이러한 주거 공간의 변화가 어린이의 놀이 공간에 지대한 영향을 끼쳤다. 다소 거칠게 말하자면, 주거 공간의 변화는 세대별로 구별할 수 있다. 농촌에서 나고 자란 조부모 세대, 도시의 단독주택에서 성장한 부모 세대, 도시의 아파트에서 쭉 살아온 요즘 어린이 세대로 확연하게 달라졌다.

이에 따라 어린이의 놀이 공간도 현저하게 다른 양상을 띤다. 농촌에서는 들판과 냇가, 단독주택에서는 골목, 아파트에서는 놀이터가 대표적인 놀이 공간이 되었다. 주거 공간에 따른 놀이 공간의 변화는 가족 구성원 수, 소득 수준의 향상, 새로운 놀이 문화의 유입과 같은 다른 사회적 변수들과 함께 작용하여 놀이 장소, 놀이 종류 같은 놀이 문화의 변화를 초래했다.

01 《아파트관리신문》, 2020년 9월 8일 기사 인용

02 《뉴시스》, 2020년 5월 30일 기사 인용

서울의 대표적인 놀이 명소

1970년대 서울의 놀이 공간은 당연히 강북에 집중적으로 분포했다. 1970년대 후반부터 강남 개발과 주요 명문고의 강남 이전이 본격화되었다. 나는 잠실의 한 신생 고등학교를 다녔는데, 당시 삼성동과 잠실 일대는 모래바람이 부는 허허벌판이었다. 놀라운 점은 우리가 지금 보는 서울의 명소가 1970년대에는 없었다는 사실이다. 한양 도성은 1975년부터 복원 공사가 시작되었지만, 당시 서울 시민들에게는 허물어진 옛 성벽 정도로 기억되었다. 도심에 있으면서도 빼어난 경치를 지닌 백사실 계곡은 거의 잊혀진 장소였다.

일제강점기를 거치면서 전통이 단절되거나 훼손된 상태에서 서울의 놀이 명소가 탄생했다. 대표적인 곳이 서울의 동쪽에서 살던 우리 가족이 자주 놀러 갔던 곳은 남산 장충단 공원이다. 1900년 9월 '충을 장려한다.'는 뜻의 장충단이 세워졌다. 명성황후 시해 사건 때 희생된 홍계훈, 이경식 등의 영령을 배향하여 매년 봄, 가을 제사를 지낸 곳이다. 1910년 8월 일제는 엄숙한 제사터를 '장충단 공원'으로 조성하고, 벚꽃을 심고, 운동장과 공원 시설을 설치했다. 1970년대 장충단 공원에는 너른 운동장이 있는데, 여기서 사내아이들이 축구공을 차며 뛰어놀았다. 우리 가족은 층층이 올린 찬합에 밥과 반찬을 넣고 보자기로 싸서, 주로 수표교 근처에서 돗자리를 펴고 그 위에서 먹고 놀았다.

1960년대 공전의 히트한 노래 중에 고[故] 배호가 부른 〈안개 낀 장충단 공원〉에 등장할 정도로 인기가 있었다. 장충단 공원은 1962년 운행을 시작한 남산 케이블카와 같이 연인들의 데이트 장소이기도 했다.

장충단 공원처럼 일제강점기에 창경궁에서 동물원으로 바뀐 창경원은 벚꽃 놀이 명소로 손꼽혔다.

조금 먼 곳으로는 조선 왕릉 중에서 정릉이나 홍릉이 손꼽혔다. 선정릉은 그야말로 한강 다리 건너에 있는 시골 같은 곳으로 학생들이 소풍 가는 장소였지 가족 나들이 장소는 아니었다. 자연 놀이터는 의외로 많지 않았다. 산업화에 치중한 시대라서 공원이나 숲 같은 녹지가 많이 조성되지 않았다.

여름에는 북한산 계곡이나 한강이 최고의 피서지였다. 자연을 좋아하셨던 아버지를 따라 한여름이면 우이동 계곡에서 멱을 감았던 기억이 난다. '멱 감는다.'는 것은 요즘 수영장이나 워터파크에서 하는 수영이나 물놀이와 다르다. 목까지 오는 계곡물에 들어가서 더위를 식히며 몸을 씻고 노는 것이다. 시린 계곡물에 이가 덜덜 부딪힐 정도로 몸이 차가워지면 너럭바위 위에 누워서 햇볕에 몸을 달구었다. 집에서 싸온 계곡에 미리 담가둔 복숭아나 참외를 먹으며 나무 그늘에서 쉬었다.

한강, 그중에서도 뚝섬과 노들섬, 광나루 유원지는 여름철 서울 최고의 피서지였다. 서울 시민들은 한강에서 '강수욕'을 하고 끝없이 펼쳐진 고운 백사장에서 모래찜질을 즐겼다. 어린이들은 모래사장에서 "두껍아, 두껍아. 헌 집 줄게, 새집 다오." 노래를 부르며 모래집을 쌓으며 놀았다. 한강의 백사장은 넓고 모래가 고와서 서울의 내로라하는 명소였다.

조선시대에는 한강 행주 웅어와 행호 하돈[황복어]이 많이 잡혀 임금의 수라상에 진상했다고 한다. 겸재 정선의 〈척재제시〉[1741]에 파초가 드리운 어느 대감댁 사랑채 마당에서 군노가 웅어 꿰미를 든 모습이 나온다.

1970년대 내 기억 속의 한강은 산업화와 공업화로 오염이 심각해지기 시작한 모습이다. 초등학교 고학년이었을 때로 기억하는데, 응봉 근처의 한강에 놀러 갔다가 배를 뒤집고 물 위에 떠오른 생선을 보고 놀랐던 기억이 생생하다.

한강의 모래사장은 1960년대 중반과 1980년대에 1, 2차 한강개발사업 와중에 수심이 깊어지고 한강 준설 작업을 하면서 완전히 사라지고 말았다. 고운 모래사장은 삭막한 콘크리트로 덮였다. 모래사장을 되돌릴 수 없다는 점에서 한강개발에서 탄식할 대목이다.

서울 시민들은 겨울에도 한강을 찾았다. 매년 한겨울이 되면, 지금도 그렇지만 한강물이 꽁꽁 얼었다는 소식이 텔레비전 뉴스를 탄다. 1970년대 초중반에 초등학교를 다닌 세대 가운데, 한강이 얼면 스케이트나 썰매를 탄 기억을 지닌 이들이 많다. 가끔 얼음이 깨져서 익사 사고가 나기도 했다.

한때 서울 시민과 한강의 거리가 멀어진 때도 있었다. 한강이 강변도로를 타고 자동차로 이동하면서 휙 지나가는 곳이나 기껏해야 유람선을 타고 구경하는 곳이 되었다. 삭막한 콘크리트 제방 위에 한강변 아파트가 우후죽순 서 있는 모습은 흉물이었다.

1980년대 이후 한강종합개발계획이 세워지면서 한강 둔치에 한강공원이 조성되었다. 멀어질 대로 멀어졌던 서울 시민과 한강이 다시 가까워졌다.

최근에는 서울 시민의 놀이 명소로 주말이면 가족 나들이, 연인과 친구들의 모임 장소로 각광 받고 있다. 한강변에서 자전거를 타거나 잔디밭에서 원반던지기 놀이,

한강 뚝섬유원지에서 물놀이하는 시민들 1972년 | 임정의 기증

축구나 농구 경기를 하는 게 인기이다. 한강 잔디밭에서 캠핑을 할 수 있고, 배달 음식을 즐길 수 있다. '한강 뷰'라고 해서 멀리 떨어진 곳에서 바라보는 한강은 아름답다. 작년 가을밤, 아차산 근처의 숙소에서 한강의 야경을 구경하고는 그야말로 눈이 휘둥그레졌다. 한강 다리의 불빛과 아파트, 강변도로의 가로등이 어우러져, 세계 어디에도 뒤지지 않는 대도시의 야경을 뽐내고 있었다. 그럼에도 그 고운 백사장과 수많은 하중도(하천에 퇴적물이 쌓여 생긴 섬)가 영영 사라진 점은 안타깝다.

1970년대 '골목 공동체'와 깍두기의 탄생

1970년대 서울의 놀이 공간에서 가장 유의미한 곳은 골목이 아닐까 생각한다. 앞서 밝힌 대로, 열 집 중에 여덟 집은 단독주택에 살던 시대였다.

단독주택이 있는 동네에는 막다른 골목이 생기게 마련이다. 한 골목에 지붕과 지붕을 맞댄 서너 집이 옹기종기 모여 살며 '이웃사촌'이 된다. 골목은 이웃한 어린이들의 놀이터이자 작은 광장이 된다. 이 골목에 사는 어린이들로 이루어진 '골목 공동체'가 탄생한다. 특별히 모이자고 약속을 하지 않아도 대문을 나서면 놀이터가 나온다.

골목은 우리 집 마당과 공간적인 연결성을 지니며 보다 확장된 공간이다. 김원일의 소설 『마당 깊은 집』(1991)은 대구를 배경으로 하지만, 당시 마당의 구조는 서울이나 대구나 대개 비슷했다. 내가 앞서 소개한 그림책에서 묘사한 우리 집 마당도 마당이 깊었다. 마당은 대문보다 다소 낮게 설치되어 있었고, 집에 따라 규모가 다르긴 했지만 좁은 공간을 결코 아니었다.

아이들은 마당에서 놀다가 골목으로 진출하며, 두 공간의 놀이가 겹치기도 했다. 우리 집 마당에서 구슬치기나 딱지치기, 인형 놀이, 소꿉놀이를 하다가, 어른들이 "시끄럽다! 나가 놀아라!"라고 하면 골목으로 쫓겨나다시피 나왔다. 또는 같이 노는 동무들의 숫자가 늘어나면 보다 넓고 편한 골목으로 나왔다.

골목 놀이에는 고무줄놀이, 숨바꼭질, 술래잡기, 무궁화꽃이 피었습니다가 있었다. 그중에서도 고무줄놀이는 여자아이들이 좋아하는 골목 놀이이다. 가위바위보로 술래를 두 명 정하면 진 편이 술래가 되어 고무줄을 잡고 노래를 부른다.

놀이하는 편은 노래에 맞춰 정해진 동작을 해야 하는데 이 동작에서 실패하면 술래가 바뀐다. 고무줄의 높이가 발목에서 점점 높아져서 종아리, 무릎, 허벅지, 허리, 배, 어깨, 목, 머리, 머리 위 한 뼘 등으로 올라가는 게 놀이의 재미였다. 머리 끝까지 가는 경우는 흔치 않았다.

동네 사내아이들은 고무줄놀이에서 악역이었다. 여자아이들은 고무줄놀이에 사내아이들은 끼워주지 않았다. 사내아이들은 심술을 부려서 고무줄을 문구용 작은 칼로 자르곤 줄행랑을 쳤다.

골목 놀이는 형제자매와 섞인 '또래 집단의 놀이'라는 사실에서 중요하다.

한국전쟁 이후, 베이비붐 속에서 1970년대 한 가정은 대략 4~5명의 자녀 수가

장난감 기차가 칙칙 떠나간다
과자와 사탕을 싣고서
엄마 방에 있는 우리 아기한테
갖다주러 갑니다.

〈장난감 기차〉 노래 중

「우리 가족이 살아온 동네 이야기」 중 골목 놀이 장면

출처: 김향금, 2011, 「우리 가족이 살아온 동네 이야기」, 열린이야기.

대부분이었다. 형제자매 수가 많았고, 연년생이나 두세 살 터울이 흔했다. 그러니 형제나 자매가 골목 친구를 공유했나. 예컨대, 언니 친구가 네 친구이고, 셋이서 골목에서 콩쥐팥쥐 놀이나 병원 놀이를 했다.

이런 또래 집단의 놀이에서 각별한 존재가 바로 '**깍두기**'이다. 언니 따라서 온 어린 동생은 고무줄놀이에 서투르니, 깍두기가 되어서 양편에 모두 속하게 해서 고무줄을 할 수 있도록 했다. 약자에 대한 배려가 돋보이는 놀이 규칙이었다.

"저녁 먹게 얼른 들어와!"

어린이들은 땅거미가 지고, 밥 짓은 연기가 올라와서, 어른들이 부를 때까지 신나게 놀았다. 골목 놀이터는 집 앞이니 차 걱정, 유괴 걱정이 없는 어린이의 낙원이었다.

이제 서울에는 골목이 거의 남아 있지 않다. 어린이의 놀이 공동체가 줄어든 만큼이나 안타까운 일이다. 나는 유럽 여행 중에, 서울에서 사라진 골목을 이탈리아 북부 도시 베네치아에서 발견했다.

베네치아에는 우리가 이탈리아어로 광장으로 알고 있는 피아짜[Piazza]는 산 마르코 광장[Piazza San Marco]밖에 없다. 나머지 광장은 캄포[Campo], 그보다 작은 광장은 캄피엘로[Campiello]라고 부른다.

베네치아에는 캄피엘로라는 작은 광장이 무수히 많다. 우리가 광장이라고 할 때 연상하는 넓은 공간과는 거리가 멀다. 베네치아를 잇는 실핏줄 같은 작은 운하와 운하 사이에 있는 좁은 공터나 골목을 가리킨다. 딱 1970년대 우리나라의 막다른 골목 같다. 이런 골목 한가운데 빨랫줄을 걸고 이불 홑청을 내건다. 작은 광장마다 오래된 우물에서 흘러나오는 펌프가 있어 식수로 이용한다. 이웃끼리 정겨운 일상을 나누고, 아이들이 뛰어논다. 여전히 골목 문화, 작은 공동체 문화가 살아 있다.

우리 골목 문화의 소멸은 주거 공간의 변화에 따른 것이라지만 아쉬움이 짙게 남는다.

놀이공원의 탄생: 자연 놀이터에서 인공 놀이터로

놀이공원의 탄생은 기념비적인 사건이다.

1973년 5월 5일 어린이날에 맞춰 능동 어린이대공원이 개장했다. 그날 무료 개장을 했는데, 약 30만 명의 인파가 몰렸다고 한다. 잔디밭과 숲이 53만여㎡의 넓은 공간의 60%를 차지하는 유례없는 쾌적한 놀이 공간이었다. 그 안에 동물원, 식물원, 과학실, 인공 연못, 분수대, 각종 놀이기구가 자리 잡고 있었다. 이후 서울의 유일한 최대 놀이 공간으로 그 명성을 유지했다. 지금은 사라진 대관람차는 어린이대공원의 상징이었다. 놀이기구 중에서 청룡 열차는 우리나라 최초의 롤러코스터였다. 천천히 속력을 내며 달리는 궤도 열차가 급강하를 하다가, 다시 치받고 올라가며, 궤도를 이탈할 듯 말 듯 360도 빙글빙글 회전을 하다가, 드디어 거꾸로 매달리는 경험은 어린이 놀이의 역사에서 전무후무한 일이었다. 청룡 열차를 타는 것은 당시 어린이들이 즐길 수 있는 최고의 짜릿한 모험이었다. 개장과 함께 운행을 시작한 1세대 청룡 열차[1973~1983년]에 이어, 2세대[1984~2012년]로 신형 88 열차가 들어섰고, 2014년부터 패밀리 코스타로 바뀌어 운행되고 있다.

이후 1976년 용인 에버랜드[개장 당시에는 용인 자연농원], 1987년 강북구의 드림랜드[2008년 폐장 뒤 북서울 꿈의 숲으로 바뀜], 1988년 과천 서울랜드, 1989년 잠실 롯데월드 어드벤처가 줄이어 문을 열면서, 능동 어린이대공원의 이용객 수가 급격히 줄었다.

이제는 인공 놀이터가 대세가 되었다.

요즘 어린이들은 자연 놀이터보다는 인공 놀이터에서 주로 논다. 서울에는 다양한 실내외 테마파크가 있다. 직업 체험하는 파크, 물놀이하는 워터파크, 말을 탄다거나 토끼 같은 동물과 노는 팜 랜드가 있다. 그밖에 어린이 박물관이나 미술관, 과학관, 미술놀이 키즈 클래스, 복합 쇼핑몰의 놀이터를 이용한다. 이 중에서 실내놀이 공간인 키즈 카페가 대세이다.

키즈 카페란 실내에 어린이 놀이기구를 설치하여 어린이들은 놀고 어른들은 간단한 식사나 음료를 먹고 마시는 공간이다. 키즈 카페에서 어린이들은 부모와 함께 와서 놀이기구를 이용하여 논다.

이런 인공 놀이터는 대부분 어린이가 부모와 함께 하는 가족 나들이 장소이다. 무엇보다 형제자매가 줄어든 현실이 반영된 현상이다. 외동이 늘고 형제의 숫자가 최대 한 두명으로 줄어든 상황에서 어린이는 주로 부모와 함께 논다. 어린이의 놀기에서 중요한, **또래 집단이 결여**된 것이다.

시대상이 변화한 만큼 놀이의 형태가 달라지는 건 수용해야 할 일이지만, 인공 놀이터의 한계를 인식해야 한다. 인공 놀이터의 약점은 주로 실내라는 점과 이미 이용 규칙이 정해진 놀이기구를 가지고 논다는 것이다.

독일어로 유치원을 뜻하는 킨더가르텐Kindergarten은 '어린이의 정원, 놀이터'라는 뜻이다, 어린이들이 자연을 가까이하며 놀 때 얻을 수 있는 체험은 존중되어야 한다.

자연 놀이터는 어린이들에게 호기심과 상상력, 살아 있는 생명에 대한 경이감을 불러일으킨다. 어린이들은 자연에서 뛰어놀며, 놀이 규칙을 만들고, 어설프지만 놀이 도구를 만든다. 자신들이 만든 규칙과 도구를 변형시키는 파생 과정에서 창의성이 쑥쑥 큰다. 자연은 또한 그 자체로 어린이의 심신에 활력과 에너지를 주며, 자연이 주는 기쁨에 눈뜨게 한다.

인공 놀이터에서 놀이 문화의 전통이 사라지는 것도 안타까운 일이다. 또한 어린이가 노는 것과 구경하는 것은 구별되어야 한다. 어린이가 주체가 되어야 놀기이다.

어린이가 놀아야 하는 이유

앞서 어린이에게 놀기는 본능 같다고 했다.

어린이에게 놀이가 중요한 이유는, 어린이가 심신 발달과 사회성을 발달시키는 성장기에 있다는 사실에 있다.

무엇보다 어린이는 놀이를 통해 신체를 발달시킨다. 전통 놀이 가운데 공기놀이, 실뜨기, 그림자놀이, 딱지 접기, 찰흙 놀이는 손이나 손가락 같은 소근육을 발달시키는 데 좋다. 술래잡기, 숨바꼭질, 고무줄놀이, 기차놀이, 무궁화꽃이 피었습니다는 팔이나 다리 같은 대근육을 발달시키는 데 필요한 놀이이다.

수수께끼를 풀면서 재치와 순발력, 상상력을 키운다. 인형 놀이나 소꿉놀이 같은 역할 놀이에서 내면에 쌓인 스트레스를 풀고 사회성을 키운다.

나는 모든 게 느슨하게 짜여 져서 어린이가 놀면서 자유자재로 변형이 가능한 놀이, 어린이들이 또래 집단과 어울릴 수 있는 공동체 놀이, 어린이가 주도하는 능동적인 놀이가 좋다고 생각한다.

어린이는 또래 집단과의 놀이에서 많은 것을 경험한다. 서로 협동해서 놀이 규칙을 세우며, 놀이 과정에서 이겨 보기도 하고, 져 보기도 한다. 친구와 다투었다가 화해하기도 한다. 기쁨에 찼다가 실망하기도 한다. 어린이는 놀면서 배우고 성장한다.

힘껏 뛰어노느라 머리카락이 땀에 절은 어린이, 낮에 노느라 고단해서 베개를 베자마자 깊은 잠에 빠지는 어린이, 이렇게 **뛰어노는 어린이가 행복**하다.

어린이에게는 놀 권리가 있다. 어른들은 그 권리를 보장해 주어야 한다.

참고 문헌

단행본

김광언, 2004, 『동아사이아의 놀이』, 민속원.

김종만, 2017, 『보리 어린이 놀이 도감』, 보리.

이상호, 1999, 『전래놀이 101가지』, 사계절.

전국재, 2014, 『우리나라의 민속·골목놀이 161』, 시그마북스.

편해문, 2020, 『아이들은 놀이가 밥이다』, 소나무.

귄터 벨치히, 2017, 『놀이터 생각』, 소나무.

논문

국성하, 2011, 「우리나라 어린이 놀이의 변화에 관한 연구」, 어린이와 박물관 연구 제2호, pp.137-165.

김요셉, 2013, 「서울시 상상어린이공원 놀이시설의 창의놀이 행태 분석」, 한양대학교 도시대학원 박사학위논문.

보고서 및 정기간행물

굿네이버스, 2020, 「2020 코로나19와 아동의 삶 아동 재난 대응 실태조사Ⅰ」.

서울연구원, 2019, 「아동참여형 놀이터의 특성과 시사점」.

연세대학교 사회발전연구소, 2021, 「한국 어린이·청소년 행복지수 - 국제비교 연구조사결과보고서, 2021」.

초록우산 어린이재단, 2018, 「5, 6차 유엔아동권리협약 이행 아동보고서」,

한국민속학회, 2020, 「초등 교과서 전래놀이의 교육적 적절성 분석 정책연구」.

사전

한국민족문화대백과사전 (http://encykorea.aks.ac.kr/)

한국세시풍속사전 (https://folkency.nfm.go.kr/kr/dic/2/summary)

한국향토문화전자대전 (http://www.grandculture.net/)

수수께끼 카드를 뜯어 문제를 맞춰보세요.
정답은 뒷면에 있어요.

알쏭달쏭 재미있는 수수께끼

Q

몸통이 하나에
귀만 하나 있는 것이
무엇입니까?

Q

깎을수록
커지는 것이
무엇입니까?

Q

젊어서는
파란 주머니에
은돈 열 냥,
늙어서는
빨간 주머니에
금돈 열 냥이
무엇입니까?

Q

기둥 하나에
집 하나 있는 것이
무엇입니까?

정답

구멍

정답

바늘

정답

우산

정답

고추

Q

머리를 풀어 헤치고
하늘로 올라가는 것이
무엇입니까?

Q

먹을수록
많아지는 것이
무엇입니까?

Q

앉으면 높고
서면 낮은 것이
무엇입니까?

Q

문은 문인데
돌아다니는 문은
무엇입니까?

정답

나이

정답

연기

정답

소문

정답

천장

Q

나무는 나무인데
거꾸로 서 있는 나무는
무엇입니까?

Q

공부해서
남 주는 사람은
누구입니까?

Q

불은 불인데
뜨겁지 않은 불은
무엇입니까?

Q

아침에는 네 발로 걷고,
낮에는 두 발로 걷고,
저녁에는 세 발로 걷는
것은?

정답

선생님

정답

물구나무

정답

사람

정답

이불

알쏭달쏭

재미있는

수수께끼

발행인	서울역사박물관장 김용석
발행일	2022년 6월
발행처	서울생활사박물관 서울특별시 노원구 동일로 174길 27 https://museum.seoul.go.kr/sulm/index.do T. 02-3399-2900
디자인	아이디어스푼
인쇄	(주)비피앤피
발간등록번호	51-6110569-000327-01
ISBN	979-11-90480-60-4 (03380)